CIVIS ROMANUS

A Reader for the First Two Years of Latin

by

J. M. COBBAN, M.A.
Abingdon School

and

R. COLEBOURN, M.A.
Taunton's School Southampton

New Foreword by
MARIANTHE COLAKIS

Bolchazy-Carducci Publishers, Inc.
Wauconda, Illinois USA

General Editor:
LeaAnn Osburn

Cover illustration:
Son of Constantine the Great

Cover design and typography:
Adam Phillip Velez

First published June 25th, 1936, Reprinted twenty-four times
Reprinted with corrections 1965, Reprinted 1967
Printed and bound in Great Britan at the Pitman Press, Bath
Catalogue No. 22/7020/51 14.14

Reprinted with permission
© 2003 Bolchazy-Carducci Publishers, Inc.
All Rights Reserved

Bolchazy-Carducci Publishers, Inc.
1000 Brown Street, Unit 101
Wauconda, Illinois 60084
www.bolchazy.com

Printed in the United States of America
by Bang Printing
2003

ISBN 0-86516-569-6

Library of Congress Cataloging-in-Publication Data

Cobban, J. M. (James Macdonald)
    Civis romanus: a reader for the first two years of Latin / by J.M Cobban and R.
Colebourn ; new foreword by Marianthe Colakis.
        p. cm.
    Previously published: London : Metheun & Co., 1936. Reprinted with corrections 1965.
Reprinted 1967.
    ISBN 0-86516-569-6
    1. Latin language--Readers. 2. Rome--Civilization--Problems, exercises, etc. I.
Colebourn, Ronald. II. Title

PA2095.C574 2003

2003061980

FOREWORD

Civis Romanus
A Reader for the First Two Years of Latin

Civis Romanus, a Latin reader for beginning and intermediate students, is a graded reader which features passages of Roman culture. It was written by J. M. Cobban, M.A. and R. Colebourn, M.A. in 1936 and revised in 1974.

In many ways it was a book ahead of its time. It anticipated the "reading method" of teaching Latin by offering sixty passages of gradually increasing length and difficulty.

The first four selections contain only present tense Latin verbs. Passage 5 begins the use of the imperfect tense. The perfect tense does not begin until the thirteenth passage. The grammar topics grow progressively more sophisticated by the end of the book. The passages numbered 51–58 focus on the subjunctive mood and clauses. In the fifty-ninth passage a future active infinitive is found in indirect discourse.

The Table of Contents lists what grammar the student should know before attempting to read the passage. New grammar is assumed in odd-numbered passages only and thus if a teacher wishes to proceed more quickly, the even-numbered passages may be skipped. The special vocabulary lists at the back of the volume for both even and odd numbered passages are designed to be learned by the students.

Students who finish this reader in the first two years of Latin will have acquired a minimum vocabulary of 1,000 words. Since it was written with no particular textbook in mind, it may be used in conjunction with any of today's textbooks.

Civis Romanus also anticipated the current emphasis on an overall picture of Roman daily life and culture. Although there are a few battle pieces in *Civis Romanus*, most of the readings concern topics covered by the Latin textbooks widely used today. There are passages here on the Roman house, early Roman schooling, and country life. There are also many stories concerning the legends of early Rome and the major figures of the Republic and Empire. Some of the stories may be familiar; others are revelations. It is a delightful surprise to find in the second reading of the book the story of Camilla's miraculous rescue via her father's spear.

Throughout, the book offers glimpses of the private as well as the public lives of famous individuals. For example, there is the insightful tale of "Augustus and His Grandson." The timidity of the boy caught with "forbidden" reading and the emperor's gracious response are perfectly depicted.

At least one of the readings has a contemporary sound that the authors could never have anticipated

back in 1936. In "Catastrophe at Fidenae (A.D. 27),"
there is a description of the aftermath to the collapse
of an amphitheater, erected by an ambitious politician
using cheap materials:

*Fama huius calamitatis perlata concurrunt
amici eorum qui Fidenas ad spectaculum
iverant: etiam ei quorum amici variis de
causis Roma aberant, timore affecti, suos
inter mortuos quaerebant Cognitum est
denique quinquaginta hominum milia ea
calamitate perisse. Deinde praebitum est in
urbe insigne exemplum priscae disciplinae
morum veterum: nam omnes communi malo
tantum permoti sunt ut, suarum rerum obliti,
miseris auxilium tulerunt.*

It is pleasant to see this old favorite back in print,
and its use today will no doubt rival its success in the
past. I believe that *Civis Romanus* will offer contemporary students enlightening glimpses into Roman life
and legend, while building their skills in reading and
understanding Latin.

Marianthe Colakis, Ph.D.
The Covenant School
Charlottesville, VA

CONTENTS

(N.B.—New Grammatical material is introduced into odd-numbered pieces only.)

I. LEGENDS OF EARLY ROME

II. THE ROMAN CITIZEN

vii

III. THE ROMAN BOY

IV. CAESAR AND AUGUSTUS

V. THE EMPIRE AND BRITAIN

VI. LIFE DURING THE EMPIRE

ILLUSTRATIONS

A TIME CHART FOR 'CIVIS ROMANUS'.

B.C.

TARQUINIUS, last king of Rome, expelled 510. [6], [7], [11]

500

Romans [8]	Plebeians [12]
conquer [13]	struggle
their	for rights
neighbours	against
400 500–390	Patricians

Gauls capture Rome 390. [9]   494–367
Romans
conquer
great part of
300   Italy 390–290   [16]

PYRRHUS invades Italy 280. [15]
First War with Carthage 264–241. [10]

Second War with Carthage : HANNIBAL in Italy 218–202. [14]
200   Great wars of   Period of
       Rome in the   the great power   [16], [21]
       East 200–167. [15]   of the Senate.
Third War with Carthage : Carthage destroyed 146.
                          GRACCHI attack Senate 133–121. [17]
100   100

Italians win citizenship by war 90–89
                     SULLA : beginning of   [25], [18], [31]
                     rule of one great man.
CAESAR in Gaul and Britain 58–50. [32], [33], [34]   [17]
50   War between CAESAR and POMPEY. 49–48. [35] CICERO. [19], [20]
Murder of CAESAR 44. [36]   Civil War 44–42. [37]   [26]
Fresh civil wars : ANTONY and OCTAVIAN. Battle of Actium 31. [38]
AUGUSTUS' power established by 27. [39]   HORACE. [23], [40], [51]
                                     [27]   VIRGIL

A.D

Death of AUGUSTUS 14. [29]
TIBERIUS Emperor 14–37. [41]   [56]

GAIUS Emperor 37–41. [42]
50   CLAUDIUS Emperor 41–54. [42]   Invasion of Britain 43. [43]
NERO Emperor 54–68.   [47]   Revolt of BOUDICCA 61. [43]
       Eruption of Vesuvius 79. [57], [59]
                          AGRICOLA in Britain 78–84.
                                     [44], [45], [46]
100   TRAJAN Emperor   MARTIAL. [60]
       98–117.   PLINY. [24], [28], [53],
HADRIAN Emperor   [54], [55], [57], [59]
       117–137. [44]   [30]   JUVENAL. [52]
ANTONINUS Emperor
150   150   137–161
M. AURELIUS Emperor   Century of greatest
       161–180   prosperity and   [48]
                                   civilization in
                                   Roman Britain
250   about 180–280

CONSTANTINE Emperor   Pirate raids on Britain begin.
       306–337. [49]
                                Roman culture in Britain
350   decays 300–400. [50]

I.   LEGENDS OF EARLY ROME

(In the first twenty pieces all long vowels, except diphthongs, are marked.)

1.   AENEAS AND IULUS

The legend was that Aeneas and his followers, who came to Italy from Troy, were the ancestors of the Roman people.

A. 1. Poëtae fābulam narrant.
　 2. Graecī ad Asiam nāvigant.
　 3. Graecī Trōiam obsident. *Besiege* *long Time*
　 4. Trōiānī et Graecī diū pugnant.
　 5. Trōiānī multōs Graecōs necant. *killed*
　 6. Graecī multōs Trōiānōs necant.
　 7. Graecī equum aedificant. *built a horse*
　 8. Equus multōs Graecōs portat.
　 9. Trōiānī equum vident.
　 10. Intrā mūrōs Trōiānī equum portant.

Poëtae fābulam Trōiānam ita narrant.   Graecī Trōiānōs nōn amant ;   ad Asiam nāvigant, Trōiam diū obsident.   Graecī et Trōiānī diū extrā mūrōs pugnant ; Graecī multōs Trōiānōs necant, Trōiānī multōs Graecōs necant.   Post multōs annōs Graecī equum ligneum *wooden* aedificant ; equus cavus *hollow* multōs Graecōs portat.   Trōiānī equum ligneum vident et intrā mūrōs portant.

B. 1. Aenēās* est Trōiānus.
　 2. Iūlus est parvus. *finally* *overcame*
　 3. Graecī tandem Trōiānōs superant.

* The asterisk refers throughout to the list of proper names.

I

4. Aenēās fīlium Iūlum amat.
5. Iūlum extrā mūrōs portat.
6. Aenēās et Iūlus ad ōram properant.
7. Dea Trōiānōs admonet.
8. Aenēās per multās terrās errat.
9. Tandem ad Italiam nāvigat.
10. Ita Aenēās Iūlum conservat.

Tandem Graecī appārent, et Trōiānōs superant. Aenēās* est Trōiānus ; Graecōs nōn timet, sed parvum fīlium Iūlum amat. Itaque diū pugnat, sed tandem Iūlum extrā mūrōs portat et ad ōram properat. Ibi appāret dea Venus* et Trōiānōs admonet. Posteā Aenēās et paucī amīcī per multās terrās errant ; tandem ad Italiam* nāvigant. Ita Aenēās Iūlum conservat et ad Italiam portat.

2.   CAMILLA

This story is told by Virgil in the ' Aeneid ', a poem describing the adventures of Aeneas.

Inter Italōs* Latīnus regnat. Latīnus Trōiānōs adiuvat, sed Rutuli* hastās raptant et contrā Trōiānōs pugnant. Camilla, quamquam fēmina est, Rutulōs adiuvat.

Poētae fābulam ita narrant. Inter Volscōs* Metabus regnat ; Metabus habet parvam fīliam, Camillam. Volsci Metabum nōn amant ; itaque Metabus parvam fīliam raptat et per Italiam errat. Tandem fluvium altum videt. Ad hastam longam fīliam adligat ; ubi Volscī appropinquant, hastam trans fluvium iactat. Dea Diāna* Metabum adiuvat, hasta longa Camillam trans fluvium portat ; tum Metabus trans fluvium natat. Ita tūtus est Metabus, tūta est Camilla.

Posteā Metabus et Camilla diū per multās terrās errant.
Tandem Camilla, quamquam fēmina est, inter Rutulōs
contrā Trōiānōs pugnat.   Sed Trōiānī Camillam necant
et Rutulōs superant.

Posteā Trōiānī et Ītalī diū amīcī sunt ; post paucōs
annōs Albam Longam aedificant.

3. ROMULUS AND REMUS

Post multōs annōs Numitor inter Albānōs* regnat.
Fīlium nōn habet, sed ūnam fīliam, Rhcam Silviam.
Amūlius tyrannum Albānōrum ē patriā expellit, et inter
Albānōs regnat.   Rhea geminōs fīliōs habet, Rōmulum
et Remum.   Amūlius, quod Rheae fīliōs timet, in altum
fluvium iactat.   Sed fluvius Rōmulum et Remum ad
terram portat.   Itaque fluvius Rheae fīliōs conservat.
In rīpā iacent geminī, et clāmant.   Lupa audit et appropinquat ; ubi geminōs videt, in spēluncam portat et ibi
nūtrit.   Posteā Faustulus agricola geminōs invenit et in
casam suam portat.

Per multōs annōs geminī inter agricolārum casās habi-
tant.   Tandem in patriam reveniunt.   Adhūc Amūlius
ibi regnat, sed geminī nōn iam Amūliī iniūriam ignōrant ;
itaque Amūlium necant.   Tandem Numitor in patriam
revenit et diū inter Albānōs regnat.

4. THE FOUNDING OF ROME

*The Romans believed that the city was founded in 753 B.C.,
and they counted their years from this date.*

Mox Rōmulus et Remus ē patriā migrant, et Rōmam
prope Faustulī casam condunt. Sed rixa est inter

geminōs ; itāque Rōmulus sōlus Rōmam condit. Prīmum
deōs ōrat, deinde arātrō Rōmae mūrōs dēsignat ; tum
mūrum aedificat. Adhūc nōn altī sunt mūrī ubi Remus
appropinquat. Remus, ubi parvōs mūrōs videt, rīdet.
Tum Celer, ūnus ē Rōmulī amīcīs, Remum audit. ' Cūr
rīdēs ? ' inquit. Remus respondet ' Rīdeō quod mūrī
parvī sunt ', et trans mūrum saltat. ' Quod rīdēs ',
inquit Celer, ' tē necō.' Deinde hastā Remum necat.
Rōmulus ad mūrōs properat, et Remum mortuum videt.
Prīmum, quod Remus mortuus est, dolet, deinde ' Ō
amīce ', inquit, ' iūre Remum necās quod trans mūrum
saltat.' Ita dē Rōmulō et Remō poëtae fābulam narrant.
Posteā Rōmulus per multōs annōs inter Rōmānōs sōlus
regnat.

5. THE STORY OF THE HORATII

*Tullus Hostilius, the third of the seven kings of Rome, reigned
about 650 B.C.*

Post Rōmulum multī tyrannī inter Rōmānōs regnābant;
ubi Tullus Hostilius regnābat, trēs Horātiī* in oppidō
flōrēbant. Rōmānī cum Albānīs* pugnābant. Tum
ūnus ex Horātiīs ' Dīrum ' inquit ' et inhūmānum est
bellum. Inter Albānōs sunt trēs Curiātiī ; nōs sōlī contrā
Curiātiōs sōlōs pugnābimus ; reliquī spectābunt ; deī
Rōmānōs adiuvābunt, Rōmānīs victōriam dabunt.'
Curiātiī assentiunt ; et in campō inter Rōmam et
Albam pugnant. Curiātiī duōs Horātiōs necant ; Albānī
clāmant ' Victōria apud Albānōs manēbit ; deī Rōmānōs
nōn adiuvant ! ' Sed tertius Horātius, quamquam sōlus
est, nōn dēspērat ; prīmum trans campum currit. Currunt quoque Curiātiī, magnīs intervallīs.[1] Tum Horātius

---

[1] at great intervals.

subitō consistit, et Curiātiōs singulōs necat.   Ita Rōmānus
ūnus trēs Albānōs superat. Albānī, quod victōria apud
Rōmānōs iūre est, Rōmānōs amīcitiam rogant.

6. THE SIBYLLINE BOOKS

*Tarquinius reigned from 535 to 510 B.C. The Sibylline
Books were consulted by the Romans in time of danger until
they were destroyed in a fire many hundred years later.*

Tarquinius Superbus inter Rōmānōs ultimus regnābat.
Ad Tarquinium Sibylla,* fēmina rūgōsa, advenit, et
novem librōs portat. 'Ō tyranne', inquit, 'novem
librōs sacrōs habeō.' 'Cūr ad mē librōs portās?' rogat
tyrannus. 'Librōs ad tē portō', Sibylla Tarquiniō respondet, 'quod deōrum ōrācula habent. Sī mihi pecūniam dabis, librōs habēbis, deōrum ōrācula nōn iam
ignōrābis.' Tyrannus rīdet et fēminam dīmittit, quod
magnum pretium rogat. Tum Sibylla trēs librōs incendit,
cum reliquīs revenit, sed pretium nōn dēminuit. Iterum
Tarquinius rīdet, iterum fēminam dīmittit. Sibylla, ubi
iterum revenit, trēs librōs habet, sed nunc quoque pretium
nōn dēminuit. Iam fēminae constantia Tarquinium
movet ; nōn iam rīdet sed assentit. Librōs trēs reliquōs
emit, et magnā dīligentiā conservat. Ōrācula deōrum
populum Rōmānum saepe adiuvābant.

7. MUCIUS SCAEVOLA

*After his expulsion in 510 B.C. Tarquinius made many unsuc-
cessful attempts to recover his throne by force.*

Tandem Rōmānī Tarquinium* propter iniūriās multās

ē patriā expellunt ; sed mox cum magnīs cōpiīs revenit. Adiuvat Tarquinium Porsena* cum multīs Etruscīs* et castra prope fluviī rīpam pōnit. Rōmānī magnopere timent ; sed Gāius Mūcius in Etruscōrum castra clam properat. Ibi gladium stringit et ad Porsenam currit. Sed stābat prope Porsenam scrība ; Mūcius Porsenam ignōrābat, itaque nōn Porsenam sed scrībam miserum necat. Statim Etruscī virum comprehendunt, et Porsena ' Cūr gladium contrā mē stringis ? ' postulat. Mūcius ' Rōmānus sum ' respondet ; ' nec clēmentiam rogō nec lētum [1] timeō.' Prope āram stābat ; subitō dextram in āram impōnit ; dum flammae dextram incendunt, ' Trecentī [2] Rōmānī ' inquit, ' nunc ad castra properant ; nec flammās timent nec tē.' Constantia virī Porsenam movet ; līberum dīmittit Mūcium. Mūciō Rōmānī multa praemia dant, et Scaevolam [3] vocant.

[1] death.   [2] three hundred.   [3] ' the Left-handed '.

8. CORIOLANUS (489 B.C.)

Rome had other enemies to face. She was surrounded by many hostile peoples, among whom were the Volsci, who inhabited the mountains about sixty miles south-east of Rome.

Gāius Martius est vir inter Rōmānōs praeclārus. Populus Martium, quod Coriolōs,* oppidum Volscōrum, expugnat, Coriolānum vocat. Sed Coriolānus, propter magnam superbiam, populum contemnit ; itaque Rōmānī virum praeclārum ē patriā expellunt. Tum ad Volscōs migrat, quamquam Volscī tum bellum contrā Rōmānōs gerunt. Volscī summum imperium Coriolānō dant, et Romanus Volscōrum cōpiās in patriam suam dūcit.

Magnopere timēbant Rōmānī ; frustrā lēgātōs in castra ad Coriolānum mittunt. Dēspērant Rōmānī, sed tandem ex oppidō prōcēdunt duae fēminae, Volumnia et Virgilia. Nam Coriolānus est Volumniae fīlius, Virgiliae marītus. Ubi Coriolānum vident, ' Cūr, ō marīte ', inquit Virgilia, ' contrā tuam patriam cōpiās dūcis ? ' Tandem fēminārum lacrimae Coriolānum movent. Cōpiās ē castrīs dūcit, et in terram Volscōrum revenit. Sed Coriolānī clēmentia Volscīs nōn placēbat ; itaque mox Coriolānum necant.

9. MANLIUS AND THE GAULS (390 B.C.)

Great tribes of Gauls were constantly moving southward to find fresh homes. In this, the most serious invasion of Italy, they even captured for a short time the city of Rome, which was by now the leading city of Central Italy.

Ōlim Gallī* bellum contrā Rōmānōs gerēbant. Cōpiās Rōmānās in Etrūriā* magnō proeliō superant et statim ad oppidum prōcēdunt ; aedificia incendunt, multōs incolārum occīdunt. Reliquī ad Capitōlium* properant, locum altum et nātūrā et mūrīs bene mūnītum. Mox Gallī viam angustam et sēcrētam inveniunt ; noctū clam ascendunt. Rōmānī perīculum nōn timent ; et Gallī ad summum Capitōlium adveniunt.

Erant in Capitōliō anserēs [1] sacrī ; ubi anserēs Gallōs audiēbant, clāmant, et Marcum Manlium, virum bellō praeclārum, excitant. Manlius hastam raptat, cēterōs ad arma excitat, ad mūrum properat. Dum cēterī trepidant, primum Gallōrum hastā dēturbat. Frustrā nunc Gallī ascendunt, nam propter viam angustam Manlius singulōs dēturbat. Ita anserēs vigilantiā, Manlius audāciā, Capitōlium conservant. Mox Camillus* cum magnīs sociōrum copiīs appropinquat. Gallī, quod in summō perīculō sunt, statim ex oppidō migrant.

[1] geese.

10. REGULUS (255–250 B.C.)

Having conquered Italy, Rome came face to face with Carthage,
a great trading-power with a strong navy. The long wars
against Carthage brought out all the courage and grit of Rome's
citizens.

Rōmānī iam per tōtam Italiam summam potentiam
habēbant ; etiam in insulā Siciliā habēbant sociōs. Ōlim
Poenī* et Rōmānī in Siciliā bellum gerēbant. Tandem
Rēgulus cōpiās Rōmānās in Āfricam dūcit ; sed ibi
Poenī Rōmānōs superant et Rēgulum captīvum habent.
Indūtiās tamen dēsīderābant quod Rōmānī quoque multōs
Poenōs captīvōs habēbant. Itaque Rēgulum lēgātum ad
Rōmānōs mittunt. 'Ō Rōmānī', inquit Rēgulus, 'Poenī
indūtiās magnopere dēsīderant. Vōs tamen, sī indūtiās
dabitis, magnam victōriam āmittētis.' Itaque Rōmānī,
quod Rēgulus ita monet, indūtiās negant.

Ūnus autem ē Rōmānīs, 'Poenī', inquit, 'quod
propter tē frustrā indūtiās rogant, tē occīdent. Sī in
Italiā manēbis, nōs tē cōnservābimus ; cūr in Āfricam
nāvigābis ?' Rēgulus tamen respondet, 'Nōn in Italiā
manēbō ; nam prōmissum meum nōn contemnō. Poenī
mē exspectant ; nōn frustrā mē exspectābunt.' Itaque
Rēgulus in Āfricam revenit ; Poenī Rēgulum propter
cōnstantiam suppliciīs inhūmānīs necant.

II. THE ROMAN CITIZEN

11. THE CONSULS (509 B.C.)

The Romans entrusted all the powers of the king to two 'consuls' so that one might be a check upon the other. It was the ambition of every well-born Roman citizen to hold the consulship.

Post Rōmulum regnābant sex rēgēs ; ultimus rēgum erat Tarquinius Superbus. Rōmānī, ubi Tarquinium expellunt, consulēs creant : in singulōs annōs[1] duōs con-sulēs creābant, nam perpetuum ūnius[2] hominis im-perium magnopere timēbant. Consulēs cōpiās in bellum dūcēbant ; iūdicēs quoque erant ; praetereā, ut pater prō familiā suā, ita consulēs prō populō Rōmānō deōs ōrābant.

Prīmī consulēs erant L.[3] Iūnius Brūtus et L. Collātīnus. Tarquinius inter Etruscōs in exsiliō erat, adhūc autem regnum dēsīderābat. Itaque lēgātōs ad oppidum clam mittit et paucīs Rōmānōrum praemia sēcrēta dat. Sed mox consulēs cōniūrātiōnem inveniunt. Inter cōniūrātōs erant Brūtī duo fīliī ; sed clēmentia patrem nōn movet. Consul fīliōs suōs cum reliquīs mortis damnat : pater summā constantiā spectat dum fīliī dant poenās. Dē Brūtī virtūte Rōmānī saepe narrābant.

Post multōs annōs, ubi iam magna erat cīvitās Rōmāna, Rōmānī praetōrēs quoque duōs creābant : praetōrēs lēgēs administrābant et multīs aliīs modīs consulēs adiuvābant.

---

[1] for a year at a time. [2] gen. sing. of *unus*. [3] see note on page 99.

12. PATRICIANS AND PLEBEIANS (494 B.C.)

This is the story of the first ' General Strike ' in history. The struggle of the plebeians to obtain equal rights lasted almost two hundred years, but was finally successful.

Ubi Rōmānī bellō et commerciō flōrēbant, multī ē fīnitimīs cīvitātibus ad oppidum veniēbant. Mox Rōmae erant duo hominum genera, patriciī et plēbēiī ; patriciī advenās ' plēbēiōs ' vocābant. Patriciī multās iniūriās plēbēiīs impōnēbant ; plēbēiī neque alia iūra neque iūs honōrum habēbant. Nam Rōmānī plēbēiōs consulēs numquam creābant ; vir patricius fēminam plēbēiam numquam uxōrem dūcēbat ; patriciī sōlī agrum publicum inter sē dīvidēbant ; praetereā legibus inīquīs plēbēiōs opprimēbant.

Ōlim patriciī plēbēiīque inter sē dissentiēbant. Patriciī cuncta iūra plēbēiīs negābant, quamquam multī plēbēiī propter commercium magnās dīvitiās habēbant. Itaque plēbēiī ex oppidō cum fīliīs uxōribusque prōcēdunt. Erat prope Rōmam Mons Sacer, et ad Montem Sacrum plēbēiī migrant. Patriciī dēspērant, quod neque in agrīs neque in urbe plēbēiī labōrant. Lēgātōs ad plēbēiōs mittunt, sed plēbēiī respondent : ' Prō vōbīs nec labōrābimus nec pugnābimus, nisi iūra habēbimus.' Praetereā custōdēs nostrōrum iūrium postulāmus '. Itaque patriciī plēbēiīs tribūnōs dant ; tum plēbēiī in oppidum reveniunt.

13. THE DICTATOR : CINCINNATUS (460 B.C.)

The system of divided rule broke down in times of emergency. Then a ' dictator ' was appointed, with power even over the consuls ; the fact that for three hundred years these powers were not misused shows the public spirit of the Roman citizen.

Ubi aut hostēs urbī Rōmae appropinquāverant aut cīvēs inter sē dissentiēbant, consulēs dictātōrem creābant. Dictātor summum imperium habēbat, dum perīculum manēbat ; adiuvābat dictātōrem in bellō ' magister equitum '.

Ōlim Rōmānī cum Volscīs* Aequīsque* bellum gerēbant. Hostēs cōpiās Rōmānās prope urbem obsidēbant, et urbs Rōma in summum perīculum vēnerat. Tum cīvēs clāmāvērunt : ' Mīlitēs nostrī magnopere labōrant ; nisi dictātōrem creāverimus, hostēs cōpiās nostrās superābunt.' Itaque consulēs Cincinnātum creāvērunt, virum propter virtūtem praeclārum, et lēgātōs ad senem mīsērunt. Ubi advēnērunt lēgātī, Cincinnātus in agrīs suīs labōrābat ; tunicam [1] sōlum portābat. Itaque, postquam lēgātōs vīdit, uxōrī clāmāvit, togam [1] postulāvit. Ubi lēgātōs audīvit, 'Nullum imperium ', inquit, ' nullōs honōrēs dēsīderō ; sī tamen salūs publica mē postulat, auxilium cīvibus meīs nōn negābō.'

Statim ex agrīs ad urbem properāvit. Ibi dictātōris imperium sumpsit. Mox hostium cōpiās superāvit ; cīvēs Cincinnātum magnopere laudant, sed senex cuncta praemia contemnit. Postquam mīlitēs in urbem reduxit, imperium dēposuit et in agrōs suōs revēnit ; nec posteā agricolae labōrem contemnēbat, quamquam dictātōris imperium gesserat.

[1] The *tunica*, a kind of sleeved shirt, was the usual household garment of the Romans. The *toga*, a large and flowing outer garment, was used on special occasions, and was too clumsy to work in.

14. THE DICTATOR :
FABIUS MAXIMUS (217-216 B.C.)

The Second Punic War was the greatest test of Roman endurance. Fabius' policy finally proved successful and Hannibal was forced to leave Italy.

Iam dē Rēgulī morte narrāvimus. In prīmō bellō Rōmānī Poenōs* superāverant, sed mox flōrēbat inter Poenōs dux praeclārus, nōmine Hannibal. Hannibal in Hispāniā* (ubi erant multae colōniae Pūnicae*) populī suī imperium confirmāvit. Tandem summā difficultāte magnās cōpiās ex Hispāniā trans Alpēs* duxit. Etiam elephantōs inter cōpiās duxit, sed cunctōs praeter ūnum in montibus altīs āmīsit.

Rōmānī, quod Hannibal multās victōriās reportāverat, dictātōrem creāvērunt Q. Fabium, quamquam senex iam erat. Postquam Fabius summum imperium sumpsit, Rōmānī iusta proelia vītābant, hostēs per Ītaliam agēbant ; itaque magnā difficultāte Hannibal cibum invenīre poterat. Sed paucī ē Rōmānīs Fabiī consilium contemnēbant et Fabium ' Cunctātōrem ' [1] vocābant. Mox aequum imperium Minūciō, magistrō equitum, dedērunt ; sed Minūcius multōs ē mīlitibus suīs iustō proeliō āmīsit. Cunctī iam Fabium laudāvērunt, et Cunctātōrem honōris causā [2] vocāvērunt.

Sed postquam Fabius imperium dēposuit, consul novus, nōmine Varrō,* quod Hannibalis cōpiās contemnēbat, iustō proeliō prope Cannās cum hostibus pugnāvit. Poenī tamen Rōmānōs tum quoque superant, multōsque occīdunt. Senātōrēs Varrōnem nōn culpāvērunt sed grātiās consulī ēgērunt, quod nōn dē salūte publicā dēspērāverat ; et Fabium dictātōrem iterum creāvērunt.

---

[1] ' the Delayer '.   [2] ' as a mark of honour '.

15. THE SENATE

The Senate was composed of those who had held high office in the State; it gradually gained control of the government of Rome, though in name the people was supreme.

Consulēs et praetōrēs, postquam imperium dēposuērunt, in senātōrum numerō manēbant. Propter constantiam prūdentiamque crescēbat senātōrum auctōritās; mox etiam consulēs senātōrum consiliō parēre solēbant. Ōlim Pyrrhus,* rex Epīrī,* in Italiam nāvigāverat et bellum cum Rōmānīs gerēbat. Postquam victōriam reportāvit, Cīneam* lēgātum ad senātōrēs mīsit. Appius Claudius, senex caecus, erat vir magnā auctōritāte. ' Ō senātōrēs ', monet, ' lēgātum dīmittite ! Nōn dēbētis dē pāce agere dum hostis in terrā nostrā manet.' Itaque Cīneas in colloquium cum senātōribus venīre nōn potuit. Revēnit ad Pyrrhum, et ' Ita tē admoneō ', inquit, ' ex Italiā discēde. Rōmānōs numquam superāre poteris.' Nam senātus Rōmānus est concilium rēgum.'

Senātor alius, nōmine Popillius, lēgātus in Aegyptum* vēnit. Nam Antiochus,* rex Syriae,* cōpiās in Aegyptum dūxerat et cum sociīs Rōmānōrum bellum gerēbat. Popillius in colloquium cum Antiochō vēnit ; rēgem ex Aegyptō statim discēdere iussit. Forte in dextrā baculum habēbat. Ubi Antiochus respondēre dubitāvit, baculō in arēnā circum rēgem circulum dēsignāvit, et ' Respondē ', postulāvit, ' priusquam ē circulō discesseris.' Rex trepidāvit et statim respondit ; amīcitiam Rōmānōrum rogāvit ; et cōpiās in Syriam redūxit. Tanta fuit auctōritās ūnius senātōris.

16. THE CENSORS:

APPIUS CLAUDIUS (312 B.C.), CATO (184 B.C.)

The Romans brought water from the mountains to the city by channels (canales) *carried partly on arches. These led to public basins* (fontes) *; only the very wealthy had private supplies through pipes* (fistulae). *Later the Romans built similar aqueducts in the provinces of the Empire, as is shown by the illustration facing page 20.*

Rōmānī praeclārī censōriam potestātem, honōrem ultimum, magnopere dēsīderābant. Paucī enim censōrēs esse poterant. Nam duo erant censōrēs : post annum et sex mensēs potestātem dēpōnēbant, post quattuor annōs populus novōs censōrēs creābat. Censōrēs pecūniam publicam administrābant, viās et aedificia publica cūrābant, mōrēs dēnique cīvium cūrābant et improbōs notā censōriā damnāre poterant.

Appius Claudius,* ubi censor fuit, aquam dē montibus in urbem dēduxit, et ibi per fontēs cīvibus dīstribuit. Anteā Rōmānī aut ex fluviō aut ē puteīs aquam traxerant, sed iam propter magnum numerum incolārum aquae inopia crescēbat. Mox aliī censōrēs novās ' aquās '[1] ad urbem duxērunt ; multās etiam nunc prope Rōmam vidēre possumus. Posteā tamen multī cīvium nōn ē fontibus publicīs sed clam ē canālibus aquam trahēbant ; nam contrā lēgēs fistulās sūb terrā in sua domicilia dūcēbant : ita labōrem vītāre solēbant.

Tandem post multōs annōs Rōmānī M. Porcium Catōnem* propter virtūtēs multās censōrem creāvērunt. Magnā sevēritāte Cato potestātem censōriam gessit, et inter alia lēgēs dē aquā sevērē administrāvit. Cunctās fistulās invēnit et obstruxit ; incolās aquam per fistulās dūcere vetuit, ē fontibus publicīs portāre iussit.

---

[1] *aqua*, here, an aqueduct.

17. THE TRIBUNES :

TIBERIUS GRACCHUS (133 B.C.),

GAIUS GRACCHUS (123–121 B.C.), CATO MINOR (59 B.C.)

The supreme power of the Senate was first attacked by the brothers Gracchus. They were unsuccessful, but in the end the rule of the Senate was overthrown by Julius Caesar.

Prīmō plēbēiī duōs tribūnōs creābant, posteā decem. Tribūnī et cīvēs singulōs contrā iniūriās dēfendēbant et prō tōtā cīvitāte lēgēs inīquās et gravēs vetābant. Quotiens ūnus tribūnōrum ' Vetō ' dixit, etiam consulēs tribūnō cēdere dēbēbant. Sed post bella Pūnica dissensiō fuit nōn iam inter patriciōs plēbēiōsque sed inter senātōrēs et reliquōs cīvēs. Tribūnī potestātem suam conservābant ; sed nōn iam, ut anteā, plēbēiīs auxilium dabant, sed prō suīs amīcīs, etiam prō senātōribus, potestātem gerēbant.

Nōnnullī tamen ē tribūnīs adhūc populī causam agē-bant. Tālēs fuērunt duo frātrēs, Tiberius Gracchus et Gāius Gracchus. Tiberius constituit grave senātōrum imperium dēminuere, et agrum publicum inter pauperēs dīvidere ; sed post paucōs mensēs consulēs eum in viīs occīdērunt. Posteā Gāius Gracchus multās aliās lēgēs contrā senātōrum potestātem rogāvit,[1] sed eum quoque senātōrēs īrātī ut hostem necāvērunt.

Sed post Gracchōs paucī ē tribūnīs prō populō contrā senātōrēs ēgērunt. Multī etiam senātōrēs adiuvābant. Inter eōs erat M. Porcius Cato,* vir propter gentem veterem praeclārus ; quotiens Caesar* consul novam lēgem dē agrō publicō rogāvit, vetuit Cato. Tandem Caesar īrātus eum tacēre iussit ; Cato consulī non pāruit. Dēnique Caesar lictōrēs iubet tribūnum pertinācem removēre ; Cato dum eum removent nōn dēsinit ' Vetō, vetō ' clāmāre.

---

[1] *legem rogare,* to propose a law.

18. PROVINCIAL GOVERNMENT:
VERRES (73–71 B.C.)

By 100 B.C. the Romans had gained possession of most of the lands round the Mediterranean Sea. To govern them, they sent out men who had been consuls or praetors at Rome; these governors were called 'proconsuls' and 'propraetors'.

Post bella Pūnica,* Rōmānī imperium suum multīs dīversīsque terrīs imposuērunt. Praetōrēs et consulēs postquam imperium Rōmae gessērunt, in novās terrās (eās 'prōvinciās' vocābant) prōcēdere solēbant. Quod procul ā Rōmā āfuērunt, nec facile erat trans mare nāvigāre et iussa senātōrum in prōvinciās dīversās portāre, prōconsulēs et prōpraetōrēs ad suum arbitrium, quasi rēgēs, prōvinciās suās administrābant—quamquam vetera incolārum iūra conservāre solēbant. Pecūniam publicam cūrābant, lēgēs impōnēbant, terram contrā hostēs dēfendēbant. Saepe Rōmānī bene prōvinciās cūrābant, sed improbīs facile erat magnās dīvitiās reportāre et prōvinciam magnā sevēritāte opprimere.

In Siciliā apud Agrigentīnōs* erat templum Herculī* sacrum; ibi stābat statua deī pulchra et praeclāra. Ōlim C. Verrēs* ubi prōvinciam Siciliam administrābat ad templum noctū servōs mīsit; quamquam custōdēs templum magnā virtūte dēfendērunt, servī irrūpērunt. Clāmant custōdēs et cīvēs excitant: 'Ad templum currite; deōs nostrōs dēfendite: in summō perīculō sunt.' Cīvēs simulac custōdum clāmōrem audiunt ex urbe tōtā statim ad templum currunt. Statuam, quod magna et gravis erat, Verris servī movēre nōn poterant, et adhūc fūnibus labōrābant. Cīvēs eōs lapidibus oppugnant et mox fugant: duās tamen parvās statuās servī ad Verrem reportant, quod sine praedā revenīre timent.

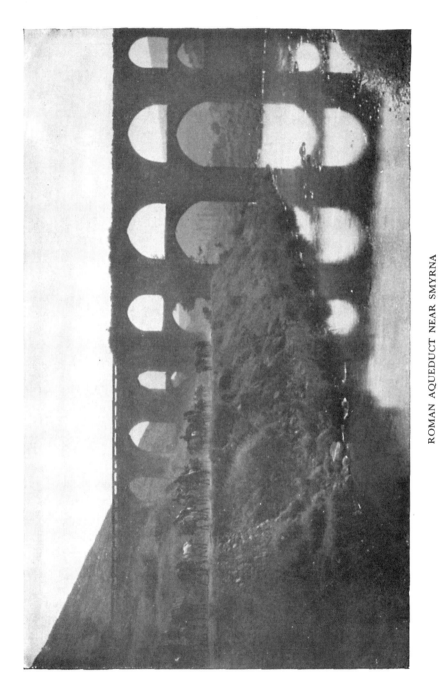

ROMAN AQUEDUCT NEAR SMYRNA

TIMGAD—PAVED ROAD LEADING TO THE ARCH OF TRAJAN

19. PROVINCIAL GOVERNMENT : CICERO (51 B.C.)

Cicero, though reluctant to leave Rome, carried out the varied duties of a governor conscientiously and well : this illustrates the versatility which made the Romans such great rulers.

Multa tālia C. Verrēs* in Siciliā fēcit. Nōn tamen semper Rōmānī prōvinciās tantā avāritiā administrābant. Multīs enim salūs incolārum cāra erat ; eōs propter virtūtem incolae amābant. Inter eōs erat M. Cicerō, ōrātor praeclārus. Cicerō vītam urbānam magnopere amābat ; nam ibi sōlum poterat ēloquentiā suā hominum animōs movēre et multōs nōbilēs in amīcōrum numerō habēre ; itaque tālī virō nōn placuit ab amīcīs discēdere, procul trans mare nāvigāre, diū in prōvinciā manēre. Itaque, postquam consul fuit, in prōvinciam nōn discessit ; post paucōs annōs tamen, quod prōconsulum fuit inopia, Ciliciam,* Asiae prōvinciam, summā dīligentiā administrāvit.

Ibi montium incolās, gentem barbaram, quamquam oppida sua magnā fortitūdine dēfendēbant, vī et armīs superāvit ; praetereā avāritiam improbōrum, etiam cīvium Rōmānōrum, coercuit. Quamquam plērīque prōconsulēs pecūniam, cibum, pābulum incolīs imperāre solēbant, nihil Cicerō sibi accēpit, nihil suōs accipere sinēbat. Omnēs praeter ūnum imperātōris iussīs pārēbant.

Cicerō multōs amīcōs Rōmae relīquit. Ad eōs multās mīsit epistolās, praesertim ad Atticum, amīcum fidēlem. Atticus omnēs Cicerōnis epistolās magnā dīligentiā conservāvit et post orātōris mortem ēdidit. Cicerō, ubi primum in Asiam vēnit, tālem ferē epistolam ad Atticum mīsit.

3

20. A LETTER FROM CICERO IN ASIA

This letter is based on two letters written by Cicero to Atticus while he was passing through the province of Asia to Cilicia.

CICERŌ ATTICŌ S.D.[1]

Nōn est facile nāvigāre, etiam mense Quintilī. In Asiam* tandem vēnimus ; saevō ventō iter per mare fēcimus, sine timōre sed nōn sine nauseā. Nunc in prō-vinciam celeriter properō : incolae avidē, ut dīcunt, mē exspectant ; in summā inopiā sunt propter nōnnullōrum Rōmānōrum avāritiam. Vidē tamen clēmentiam meam ! Ego nihil postulāre in animō habeō, nec cibum nec pecūniam ab incolīs accipere.

Hodiē multās accēpi epistolās per Appiī* tabellārium.[2] Celeriter vēnērunt ; sed hui ! quam procul ab urbe absum ! Paucīs verbīs hodiē respondeō ; mox autem, cum tempus habēbō, omnia tibi dē mē et dē prōvinciā narrābō. Nunc, quoniam ad castra properō, parvam epistolam in raedā scrībō. Gentēs enim barbarae iam diū ē montibus in agrōs irrumpunt, nec facile erit eōs superāre, nam dīversī in montēs fugient. Sed ego et frāter meus nihil nōn faciēmus ; tandem barbarōs cēdere cōgēmus.

Fīliō meō placet quod Dēiotarus, rex Galatārum,* populī Rōmānī amīcus fidēlis, eum sēcum in castra dūcere in animō habet. Uxōrem tuam valēre iubē. Fīlius meus tuō filiō salūtem dīcit. Quotiens ad tē epistolam mittō, magnopere mē movet urbis, forī, amīcōrum memoria. Cūrā tē dīligenter ; tuās epistolās avidē exspectō. Valē.

---

[1] *Salutem dicit* : ' gives greeting '—the usual way of beginning a letter, as *vale* is of ending it.

[2] As there was no organized mail, wealthy Romans employed their own couriers, who would take letters for their friends also.

III. THE ROMAN BOY

From this point onwards quantities are marked only where help or reminder is specially needed.

21. THE OLD EDUCATION : CATO (184 B.C.)

We do not hear much of the Roman boy in Latin literature ; but the stories in this section, drawn from various ancient writers, will give some idea of the way in which he was educated and spent his leisure.

Olim pueri Romani non in ludis sed a părentibus omnia didicerant ; posteā autem parentes eos ad ludos mittere solebant ; ludorum magistri saepe erant servi, neque Romani sed Graeci.

De M. Catōne* censore praeclaro iam audīvistis ; Cato per totam vitam mores priscos conservāvit ; inter alia, filium suum domi ēducāvit.   Ita enim fere amicis dicebat :

' Me parentes mei domi ēducāvērunt.   Primo māter me curabat ; deinde ubi septimum iam annum agebam pater meus, vir summā virtute et severitāte, me virīles artes docuit, mores meos et verbis et exemplo conformāvit.   In fundo prope Romam habitabamus ; ibi ego et fratres mei cum patre in agris dīligenter laborabamus ; nec solum res rusticas discebamus ; nam pater et de rē publicā et de gente nostrā nos docēre solebat ; ita legibus parēre et patriam amāre didici.   Aliquando pater in urbem venie-bat ; semper nos secum ducebat, et ita Făbium Maximum ceterosque sĕnes praeclaros puer vidi.

' Praetereā nos belli artes armorumque usum docuit ; ita natāre didicimus, equum bene regere, hastā et gladio

19

pugnāre. Omnes autem patres, etiam nobiles, filios suos tali modo educāre solebant ; bonos milites, cives fidēles, magistratūs prudentes rei publicae dăbant. Nunc contrā, filios ad ludos mittere soletis, ubi Graecam linguam discunt ; sed ibi vitia quoque Graecorum discunt ; Graeci enim nec fidem habent nec virtutem nec constantiam. Numquam servus meum filium aut docebit aut puniet.'

22. THE STORY OF PAPIRIUS

Priscis temporibus mos senatoribus erat filios praetextatos [1] sēcum in cūriam ducere, ubi viros praeclaros et videbant et audiebant : ita bonis exemplis rem publicam bene administrāre discebant.

Olim senatus de bello gravi delīberabat ; tandem consul : ' Non intrā unum diem ' inquit ' de rē tam gravi consilium capiemus ; crās iterum conveniemus. Intereā, nihil extra cūriam de consiliis nostris dicemus.' Puer autem Pāpirius cum patre suo in curiā fuerat ; itaque ubi domum revēnērunt, māter ' Quid ' inquit ' hodiē patres ēgērunt ? ' ' De rē tacēre debemus ', respondit puer, ' nam senatui placuit nihil prius dicere quam de totā rē deliberāverimus.' Tandem, quod māter iterum iterumque rogat, puer consilium prudens capit. Nam ' Vērē tibi, māter,' inquit ' rem omnem narrabo. Senatorum alii unum virum duas uxores habēre cupiunt, alii unam uxorem duos viros. De re tam gravi diu deliberāre necesse est ; itaque cras iterum convenīre placuit.'

Māter Pāpirii, ubi talia verba audīvit, magnopere timuit : statim rem ceteris feminis narrāvit ; itaque postero diē omnes senatorum uxores iratae ad curiam

---

[1] The *toga praetexta* had a purple border. It was worn by boys up to about 15 years of age. So *praetextatus* denotes a boy up to this age.

convēnērunt, et senatores cum lacrimis ita orāvērunt :
' Unam uxorem duobus viris dăte ; nam rei publicae non
prōderit unum virum duas habēre uxores.' Senatores
autem primo rem non comprehendērunt ; sed postquam
Pāpirius puer omnia narrāvit, pueri constantiam fidemque
laudāvērunt ; et ita senatus constituit : ' Numquam post-
hāc pueros cum patribus in curiam venīre sinemus, praeter
Pāpirium solum.'

23. ROMAN EDUCATION : HORACE

*The poet Horace, who was born in 65 B.C., never forgot his
humble origin (his father was a former slave who probably
worked as a small tax-collector). He himself tells us of his
upbringing.*

De ludis multa apud poetas invenīmus. Magistri pueris,
quotiens dīligenter studebant, praemia dăre solebant ; si
tamen non bene laborabant, magnā severitāte eos punie-
bant ; nec sine causā Horātius Orbilium, magistrum
suum, ' plāgōsum ' vocat, et poeta alius scripsit : ' Et nos
mănum fĕrulae subduximus '.[1]
Etiam ante lucem pueri ad ludum conveniebant, itaque
lucernas secum portabant ; dīvitis filium saepe servus
fidelis ad ludum ducebat, librosque eius portabat ; totum
diem prope ludum manebat, et puerum domum reducebat.
Pueri libros habebant paucos ; itaque omnia magnā
vōce recitāre necesse erat ; clāmor autem saepe vicinos
sollicitabat, aliquando etiam e somno excitabat. Martialis* ita ludi magistrum admonet :

Discipulos dimitte tuos, mihi redde quiētem ;
    Nam vigilāre [2] lĕve est ; pervigilāre [2] grave est.

---

[1] ' We too have snatched our hand away from the cane.'
[2] *vigilare*, to lie awake : *pervigilare*, to lie awake all night.

Aestāte pueri propter calōrem dīligenter studēre non poterant, et Martiālis de eo anni tempore ita scribit : ' Aestāte pueri, si valent, satis discunt '.

Pater Horatii in Apuliā* procul a Romā habitabat ; quamquam non dives erat, filium suum bene educāvit ; nam eum Romam duxit, ubi puer in Orbilii ludo cum senatorum filiis studebat. Pater, quod nullos habebat servos, eum in ludum semper ducebat, suā manu libros eius portabat. In eo ludo Horatius poetis non solum Romanis sed etiam Graecis studebat.

Ubi iam adolescens erat in Graeciam nāvigāvit, et paucos annos Athenīs* philosophos audīvit. Nam ibi eis quoque temporibus, sicut anteā, multi erant philosophi ; et adolescentes nobiles non Romae sed Athenis studēre solebant.

24. A NEW SCHOOL AT COMUM

(ABOUT A.D. 100)

In the first and second centuries after Christ, wealthy Romans commonly showed their public spirit in founding schools and orphanages. The establishment of such schools in the provinces hastened the spread of Roman language and customs.

Non solum in Italiā sed etiam per omnes provincias mores artesque Romanae florebant : mox crescebat ludorum quoque numerus. Multis in locis magistratūs publicā pecuniā, saepe cives dīvites suā pecuniā, ludos aedificāvērunt. Inter eos erat C. Plīnius,* vir hūmānus et līberalis. Talem fere epistolam is ad amicum scripsit :

' Ubi in patriā meā fui, vēnit ad me veteris amici filius praetextatus. Ego " Studēsne ? " inquam. Puer " Etiam " respondit. " Ubi ? " " Mediōlāni*." " Cur non hīc ? " Et pater eius (aderat enim, et mea verba

audīverat) " Quod nullos hic magistros habemus." " Cur
nullos ? Nam vōbis patribus magnopere prodest filios hic
in vestro oppido educāre. Domi enim, quod sub oculis
patrum erunt, modeste vitam agent, diligenter studebunt.
Praetereā, si filios Mediōlanum mittitis, multam pecuniam
in eā urbe impenditis. Itaque ego, quamquam nullos
filios habeo, paratus sum pro civitate nostrā, quasi pro
filiā, pecuniam ad ludum dăre. Non tamen totam pecuniam prōmitto ; ubi enim parentes dant partem pecuniae,
de suo dīligentes erunt, magistrum hūmānum et dignum
petent, studia filiorum dīligenter curabunt. Itaque statim
de ludo consilium capite. Mox, cum ludus vester finitimis
quoque nōtus erit, fortasse etiam aliarum urbium incolae
filios ad vestrum oppidum mittent, sīcut vos nunc Mediōlānum vestros filios mittitis."

  ' Ita eos admonui. Nunc, o amice, tuum auxilium
rogo : pro me magistrum pete, hominem sapientem, iustum, aequum. Si tālem invēneris, multas tibi gratias
agam. Vale.'

25. STORIES OF CATO THE YOUNGER

*Cato the younger was born in 95 B.C. He early showed signs
of that obstinacy with which he was later to oppose Caesar
(piece 17) ; yet in spite of this, he was always respected and
admired.*

  M. Porcius Cato* post patris mortem apud avunculum
suum, M. Drūsum,* habitabat. Drusus tribunus civium
iura sociis dăre cupīvit. Eo tempore, ubi forte Cato cum
fratre suo, Caepione,* ludebat, advēnit Pompaedius Silo,
Drusi amicus, vir magnā auctoritāte. Is pueros ad se
vocāvit et iocosē rogāvit ' O pueri, avunculus vester mea
consilia contemnit ; sed fortasse vestris verbis movebitur.

Dăte mihi auxilium ! ' Ridet Caepio et assentit, sed Cato silet. Itaque Pompaedius īram simulat ; eum ad fenestram celeriter portat et ' Nisi promiseris ', inquit, ' per fenestram in viam te iaciam.' Sed quod puer silēre non desinit, tandem Pompaedius eum depōnit et amicis (multi enim cum Druso aderant) ' Vidēte ' inquit ' gloriam Italiae ! Quam fortis est puer ; quantā constantiā fidem conservat ! '

Paucis post annis, ubi Cato iam adolescens erat, Sulla* dictator ludum Troiae facere constituit. In eo ludo filii senatorum in duas partes dividebantur. Duces deligebantur, et omnes in Campo Martio* sub oculis populi Romani pugnam simulabant. Sed pars altera clamat ' Non placet nobis noster dux ; non enim dignus est tali officio. Cur non Cato nos ducit ? ' Dictator iuvenum studio movetur et ' Ludum Troiae ' inquit ' Aeneas dux Troianorum instituit, Romani per omnia tempora conservāvērunt. Primus Iulus, Aeneae filius, iuvenes duxit, semper optimi iuvenum duces fuērunt ; non ego morem priscum contemnam. A Catōne, quod eum ducem cupĭtis, ducemini.'

26. CICERO JUNIOR, STUDENT (45 B.C.)

Cicero's only son scarcely came up to his father's expectations ; the ' reformation ' announced below did not last for very long.

Cicero* ōrātor unum filium Marcum habebat. Is, ut solebant adolescentes Romani, in Graeciam nāvigāvit et Athenīs studuit. Non tamen satis dīligenter ibi laborāvit ; contrā, multam pecuniam āmisit, in amīcitiam cum improbis vēnit. Cicero, ubi ea de filio audīvit, magnā severitate admonuit. Tandem Marcus patris verbīs movetur et ab amicis improbis discedit, tandem diligenter philoso-

phis studet. Ita fere ad Tironem,* unum e patris sui
amicis, scripsit :

' Grāta mihi vēnit tua epistola : magnopere me iŭvat
quod meis erroribus ignoscis. Te quoque nova constantia
mea delectabit. Non solum ut discipulus Cratippo,*
magistro optimo, pareo, sed etiam ut filius eum amo.
Propter sapientiam ab omnibus discipulis laudātur.

' Is non prŏcul habitat, et saepe a me ad convīvium
vocātur. Aliquando conveniunt alii quoque amici :
cuncti rīdemus, sermonem habemus, magnopere nos
delectamus. In eis convīviis Cratippus omnem severi-
tātem depōnit, et amicus, non magister, nobis est.

' Una tamen res me sollicitat : magnā pecuniae inopiā
labōro. Non enim facile est Athenīs sĭne magnis dīvitiis
vitam agere ; sed mox, ut spero, pecunia mihi a patre
mittetur. Salutā eum pro me, et epistolam meam ei dā.
Mōres mei eum magno dolore affēcērunt ; nunc eum
iuvabit quod tandem ad laborem virtutemque revēni.
Sed properāre necesse est quod brevi tempore Cratippus
aderit. Te curā, et cum tempus habebis ad me scribe.
Valē.'

27. AUGUSTUS AND HIS GRANDSON

*Augustus had good reason to dislike Cicero, who had opposed
his great-uncle Julius Caesar so vigorously, but he was broad-
minded enough to appreciate the sincerity of the great orator.
The date of this incident is about 10 B.C.*

Pueri Romani si nobili erant gente ēloquentiae studebant ; nam si rem publicam gerere, honores petere,
gloriam sibi parāre cupiebant, boni ōrātōres esse dēbebant.
Non tamen omnes adolescentes Athenas mittebantur ;
nam multi Graeci Romae eloquentiam docebant.

Oratorum Romanorum praeclarissimus fuit Marcus
Cicero* ; itaque semper post mortem ōrātiones eius ab
omnibus legebantur ; praetereā nemo umquam aut vir
sapientior aut civis insignior fuit ; itaque quamquam pro
senatu contrā Caesarem multa et dixit et egit, non solum
a Caesare sed etiam ab Augusto,* Caesaris filio,[1] in honore
habebatur.

Augustus, ubi summum imperium multos iam annos
gerebat, quondam apud filiam Iuliam erat ; Iuliae autem
duo erant filii, Gaius* et Lucius.* Eo die Gaius, adhūc
puer praetextatus, librum Ciceronis in manu habebat ;
in horto sĕdebat et orationem dīligenter legebat. Subito
Augustus ad puerum accedit ; Gaius statim, dum eum
salutat, librum sub togam celat ; sed Augustus ' Cur
times ? ' inquit ' Librum mihi dā.' Puer, quamquam
timet, ut iubetur, ita facit. Augustus librum cēpit et
diu legebat, neque ullum verbum dixit ; intereā puer
' Princeps ' pŭtat ' iratus est, quod talis viri orationes
legebam. Me eas legere vetabit atque etiam gravibus
poenis me afficiet.' Sed tandem, post longissimum (ut
puero videbatur) intervallum, senex librum puero reddidit, et ' Vir doctus ' inquit ' et prudens erat Cicero,
atque patriam suam cārissimam habebat.'

[1] Augustus had been adopted by Caesar in his will, and was therefore regarded as Caesar's son.

28. AN AFRICAN STORY : THE BOY AND
THE DOLPHIN

Pliny found this story in the Encyclopaedia written by his
uncle. There were many important towns in northern Africa
where Roman civilization was firmly established. The view

facing page 21 *shows the remains of Timgad, one of the largest of these towns.*

Histŏria vera, sed mira, a C. Plīnio* narrātur. In Africā erat urbs Hippo* ; prope urbem erat magnus lăcus ; eum lacum flumen cum mari coniungebat. Hīc omnes incolae navigāre, atque etiam natāre solebant ; praesertim pueri saepe in lacu ludebant. Unus eorum ceteros superabat si longissimē a terrā processerat.

Quondam unus puer audācior ceteris procul a lītore natabat : subito appāruit delphinus ; primum cum puero lusit, mox eum in tergo suo portavit. Ita puer primum in altiorem lacum portatur, deinde terrae amicisque redditur. Postero diē litus obsidetur, pueri autem omnes sicut anteā in lacu ludunt. Revĕnit delphinus ad tempus,[1] iterum puerum petit ; fŭgit tamen puer cum ceteris. Interea delphinus in undis ludit, et pueros iterum ad se vocāre videtur. Tandem pueri timorem deponunt ; appropinquant et delphinum secum ludere sinunt. In dies [2] crescit audācia, sed unum ex eis semper cārissimum delphinus habet ; neuter timet, neuter timetur, itaque puer diu a delphino per undas portatur.

Et iam multi quod de re mirā audiverant e civitatibus diversis veniebant ; multi e nobilissimis civibus, etiam magistratūs, delphinum vidēre cupiebant. Itaque mox locus quiētem suam amisit ; praetereā propter magistratuum insignium adventum prope omnis pecunia publica in hospitium impendebatur.

Tandem cives irati delphino mortem parāre constituunt. ' Nam ' inquiunt ' nisi ita fecerimus multi semper in urbem nostram convenient, nos quietem nullam habebimus.' Itaque miser delphinus occīditur ; non iam conveniunt homines neque impenditur pecunia publica.

[1] *ad tempus*, on time, punctually.
[2] *in dies*, from day to day.

29. 'LITTLE BOOTS': THE CHILDHOOD OF THE EMPEROR GAIUS

The Romans never succeeded in conquering Germany east of the Rhine ; it was necessary to keep large armies on the frontier and these were commanded either by members of the Emperor's own family or by officers of proved loyalty. The mutiny mentioned in this story followed Augustus' death in A.D. *14.*

Germānicus,* vir fortissimus, ex Augusti familiā erat ; id nomen habebat quod multae victoriae a patre eius de Germānis reportatae erant. Quotiens in provincias a principe mittebatur, uxorem suam līberosque secum ducebat. Agrippīna, uxor eius, fēmina summā audaciā superbiāque erat ; quamquam unus e liberis, Gaius,* infans erat, etiam in Germaniam* cum marīto discedere non timuit ; ibi in castris inter gentes saevas et barbaras habitabat. Apud milites Gaius educatus est ; eos iuvabat cum puero ludere, fābulas ei narrare, etiam in silvas ad venationes secum ducere. Quod caligas [1] parvas portare solebat, ab omnibus Caligula vocatus est ; etiam multis post annis, ubi princeps populi Romani erat, id nomen retinuit.

Mox tamen magnus tŭmultus per provincias fuit ; etiam a Germanici militibus sēditio facta est. Orationibus, precibus, prōmissis imperator nihil effecit ; tandem, quoniam periculum erat gravissimum, familiam e castris dimittere constituit. Non placebat Agrippinae maritum solum relinquere, sed tandem assensit, et liberos ad castrorum portas duxit ; sed milites, simulac talia vident, undique e castris conveniunt, iter impediunt, Germanicum ita fere rogant : ' Cur familiam tuam e castris dimittis ? Nonne turpissimum est, si imperatoris uxor non tuta est apud milites Romanos ? Liberi tui inter nos educati

---

[1] *caliga*, a heavy boot worn by the Roman soldiers.

sunt ; nunc in Gallorum oppida mittentur ? Nos, si tibi
placuerit,[suppliciis gravibus affice ;\ sed familiam tuam
in castris retinē ; nam tibi et tuis semper erimus fideles.'
Germanicus occasionem non amisit ; longam orationem
habuit ; duces seditionis punīti sunt, ceteris venia dăta est.

30. MARCUS AURELIUS TO HIS TUTOR

*This piece is based on two of the letters written by the young
prince Marcus Aurelius (born* A.D. *121) to his tutor, Fronto. The
correspondence between the two gives us a pleasant glimpse of an
emperor in the making.*

Marcus Aurēlius*, princeps Romanus, erat philosophus
doctissimus ; adhuc puer, libris avidē studebat. Tales
epistolas ad Frontōnem*, magistrum suum, scribere
solebat :
'Avē, mi magister dulcissime. Nos valemus. Hodie
ego diutius dormivi quam soleo, quod studio et venatione
defessus eram. Nam ab horā nonā noctis in secundam
diei studueram ;[deinde tertiā fere horā paratus ad vena-
tionem (nam ita adesse iussi eramus) patrem meum salu-
tavi.] Tum omnes in silvas excessimus : satis fortia facta
ego feci ! Nonnulli apri a ceteris capti sunt : nullos
tamen ego vīdi ; sed montem satis altum ascendi ; tum
septimā fere horā domum revēnimus. Ego statim ad
libros meos revēni ; in lecto diu legebam. Catonis orationibus magnopere delectatus sum. " Io," statim inquies
servo tuo, " celeriter ad Apollinis bibliothēcam [1] curre,
orationes Catonis ad me portā." Sed frustra eum mittes
—eos enim libros omnes e bibliotheca mecum portavi.

[1] Augustus built a temple of Apollo at Rome with two great public
libraries (*bibliothēcae*) attached, one for Greek and one for Roman
books.

'Deinde orationem, ut me iussisti, scribere constitui ;
sed quoniam venatione defessus eram, bene scribere non
potui. Oratio mea a te, magister, non laudabitur ; nam
ne a me quidem laudata est.

'Unum a te peto, o magister : orationem pulchram
scribere cupio ; mitte ad me māteriem insignem—non
tamen cruentam. Olim enim talem materiem mihi
dedisti : " consul cum leōnibus in ludis pugnavit " : de
eius dēdecore me scribere iussisti. Non mihi placet talis
materies ; nam rem tam turpem consul numquam fecit.

'Vale, magister carissime. Romam desidero, te autem
multo acriore studio.'

IV. CAESAR AND AUGUSTUS

31. CAESAR AND THE PIRATES (74 B.C.)

Legend declared that Julius Caesar was descended from Iulus. This, one of his first exploits, shows the coolness and courage which were so outstanding in his character.

C. Iulius Caesar etiam iuvenis ēgregiam animi vim praebuit, ut hāc historiā videmus.

Per Asiae oram, quod multos locos idoneos habet, pīrātae semper floruerant. His multae erant naves, atque etiam oppida in montibus altis aut in insulis orae propinquis ; naves mercatorum capiebant, etiam cives Romanos captivos retinebant dum salutis pretium solvere potuerunt. Tandem illae terrae in populi Romani potestatem vēnerunt ; sed frustra illi quoque piratas superare cōnati sunt ; hi contra mox etiam audaciores se praestabant.

Ab his piratis C. Caesar, dum in Asiam navigat, cum nonnullis comitibus captus est. Illi, quod hominem nobilissimā gente ceperant, vīginti talenta [1] pro salute eius postulaverunt. Caesar autem, ubi hoc pretium audivit, risit ; 'Me ignoratis', inquit ; 'et clarior sum et nobilior quam vos putatis. Quinquāgintā talenta vobis dabo.' Statim comites suos in provinciam Miletum* misit, et cum pecuniā revenire iussit. Itaque Caesar prope solus inter piratas relictus est. Non tamen eos timebat, sed cottidie cum eis ludebat et iocabatur. Quotiens dormire cupiebat eos silēre iubebat. Aliquando, ubi eis iratus erat, mortem

---

[1] The talent was a large sum of money, worth about £750 (1963 values).

eis minabatur. Illi, ubi talia audiverunt verba, ridebant,
sed, ut postea visum est, in hac re non iocabatur.

Ita per totum mensem apud piratas mansit ; tum illi
postquam pretium acceperunt libertatem ei reddiderunt.
Celeriter suā pecuniā multas naves Mileti ornavit ; cum
hac classe ad piratarum insulam revēnit, eosque subito
oppressit. Omnem pecuniam recepit, magnum numerum
eorum captivos reduxit et mox cruce affecit [1] ; hoc enim
modo piratae, ubi capti erant, punīri solebant.

[1] *cruce afficere*, to crucify.

32. CAESAR IN GAUL (58–50 B.C.)

*The extreme south of Gaul had long been a Roman province
(it is still called* Provence). *During eight short years Caesar
extended the Roman frontier to the English Channel and the Rhine.*

Caesar postquam consul fuit in Galliam missus est.
Illo tempore pars Galliae* erat provincia Romana, pars
libertatem suam adhuc retinebat. Sed Caesar intrā
decem annos toti terrae pacem Romanam imposuit.
Alias civitates bello superavit, alias pecuniā sibi
adiunxit. Praetereā magnae Germanorum copiae trans
Rhenum* in Gallorum agros irruperant : hos omnes
expulit atque trans flumen in Germaniam secutus est.

Tertio belli anno Caesar Venetos*, civitatem totius orae
maritimae fortissimam atque validissimam, ita superavit.
Veneti in litore Armorico* et per insulas propinquas
habitabant ; erant eis multa oppida, multae autem naves.
Hi quamquam obsides Caesari dederant subito inter se
coniurant. Illo tempore procul aberat Caesar ; sed simulac de hac re audivit copias suas in Venetos duxit.

Iuvabat barbaros natura loci ; nam non sine navibus
Romani eos vincere poterant. Itaque primum Caesar

ARLES THEATRE AND AMPHITHEATRE

POMPEII—HOUSE OF THE SILVER NUPTIALS

classem aedificāri iubet et nautas e sociis cogi. Mox, ubi classis ducentarum navium facta est, proelium facere constituit. Concurrunt prope litus duae classes. Sub imperatoris oculis pugnabant ; propinqui enim colles a militibus Romanis tenebantur.

Romanorum naves erant parvae et celeres, hostium graves et altae ; hi velis [1] utebantur, illi remis. Itaque Romani consilium idoneum ceperunt : nam falces [2] longuriis adligant ; his funes navium Venetorum comprehendunt et abscidunt. Vela statim in mare cadunt, Romani in hostium naves transcendunt et gladiis pugnant. Multi Venetorum occiduntur, multi in mare iaciuntur. Nec fugā salutem petere potuerunt, nam ventus quoque subito eos defecit. Ita magnam victoriam Romani reportaverunt, et hoc uno proelio confectum est totum Venetorum bellum.

[1] The Gauls used sails (*vela*) in their war-ships ; the Romans only used sails in merchant ships ; their warships employed oars (*remi*) for greater speed.

[2] 'they lash sickles to long poles.'

33. CAESAR IN BRITAIN (55–54 B.C.)

In the words of a later Roman historian, Caesar ' revealed Britain to the Romans, but did not bequeath it to them'.

Caesar, ubi iam totam fere Galliam vicerat, quod Britanni* auxilium ad Gallos saepe miserant, in Britanniam prŏficisci constituit. Itaque primum cum omnibus copiis in Morinorum* fines proficiscitur, quod inde erat brevissimus in Britanniam traiectus. Huc naves undique e finitimis civitatibus, et classem quam ad Venetorum bellum aedificaverat, convenire iussit.

Tandem classis ad traiectum parata est. Caesar copias suas in naves conscendere iubet, et primā luce profectus

4

post octo fere horas ad Britanniam advěnit. Ibi hostium
copias in omnibus collibus expositas videt. Erat Romanis
summa difficultas, quod naves propter magnitudinem nisi
in alto consistere non poterant. Dum Romani cunctantur,
miles, qui decimae legionis aquilam [1] portabat, deos
magna voce oravit, deinde ' Desilite ', clamat, ' milites,
nisi vobis placet aquilam hostibus trādere ; ego certe
meum rei publicae atque imperatori officium praestabo.'
Statim e nave in aquam desiluit ; tum ceteri, qui tantum
dedecus vitare cupiebant, aquilam secuti, ad litus
properaverunt.

Et Britanni et Romani fortiter pugnaverunt sed tandem
Romani propter virtutem Britannos in fugam verterunt.
Illi, hoc proelio superati, simulac se e fugā receperunt,
ad Caesarem legatos de pace miserunt. Ille eos in amicitiam acceptos domum remittit, tum naves solvit, quae
omnes incolumes in Galliam revenerunt.

Postero anno Caesar iterum in Britanniam profectus
in mediam insulam processit, et trans flumen Tamesin
exercitum in fīnes regis Cassivellauni duxit, quem prope
Verulamium* vīcit. Quod tamen propter anni tempus
necesse erat in Galliam regredi, obsides solum imperat,
deinde copias ad mare reducit. Nec postea centum intra
annos Romani in Britanniam exercitum miserunt.

[1] The *aquila* was the standard of a legion, and was guarded as
jealously as the colours of a British regiment.

34. THE REVOLT OF VERCINGETORIX (52 B.C.)

Sextā belli hieme, ubi iam Gallia omnis quieta erat,
Caesar in Italiam profectus est ; dum abest, multae
Gallorum civitates libertatis studio incensae inter se
coniuraverunt, et arma sumpserunt. His de rebus moni-

tus Caesar in Galliam properavit ; summā autem difficultate iter fecit, nam nive altissima impeditus est.

Tum, postquam copias ex hibernis eduxit, Gallos,
quorum principes magnopere inter se dissentiebant, multis proeliis vīcit. Sed mox totius Galliae concilium summum imperium Vercingetŏrigi* tradidit, viro egregiā
diligentiā magnā autem severitate. Hic Gallos omnes
oppida sua incendere et in colles silvasque se recipere
iubet, iusto proelio cum Romanis congredi vetat. Equitibus autem (quorum Galli magnum numerum habebant)
milites Caesaris, quotiens castris egressi cibum per agros
petunt, graviter vexat.

Sed tandem Galli principis iussa contemnunt ; Romanos prope Alesiam aggressi facilĕ superantur ; multi
eorum occiduntur ; reliquos Vercingetorix Alesiam reducit, quod oppidum in summo colle erat, et naturā et
opere egregiē munitum. Caesar oppidum obsidēre
instituit, sed magnam aestatis partem Galli oppidum
acriter defendebant. Interea Vercingetorix auxilium
undique rogat ; tandem, ubi in oppido summa erat cibi
inopia, magnae Gallorum copiae advenerunt. Dum
Romani contra hunc exercitum pugnant Vercingetorigis
milites oppido egressi eos a tergo oppugnaverunt. Tandem post proelium acerrimum Galli se in fugam vertunt.
Equites Romani eos fugientes secuti magnam caedem
efficiunt.

Postero die Vercingetorix se Romanis tradidit : supplicium sibi soli postulavit. Caesar, qui saepe miram in
hostes victos clementiam praebuerat, Vercingetorigem
crudeliter punivit ; nam eum in triumpho duxit et postea
turpissima morte affecit.

35. THE CIVIL WAR (49–45 B.C.) : CATO MINOR

Caesar eventually overthrew the power of the Senate, but it did not submit without a struggle. Cicero and Cato were its last disinterested champions.

Totā Galliā superatā, senatores timore affecti Caesarem e provinciā discedere iusserunt; nam eis iam diu cum Caesare dissensio erat. Non placebat Caesari, qui non ignorabat vitia senatūs, tantam potestatem deponere; itaque iussis neglectis cum exercitu e provinciā in Italiam profectus est. Ita bellum inter Caesarem et senatum ortum est; senatus Pompeium*, inimīcum Caesaris, ducem praeclarissimum, copiis suis praefecit.

Pompeius et senatores celerem facilemque victoriam sperabant, sed propter dissensiones Romam defendere non poterant; mox Pompeius Italiā relictā in Graeciam se recepit, ubi postero anno a Caesare victus est. Caesar prudentiā et clementiā multos eorum qui pro Pompeio pugnaverant sibi adiunxit; nam plerisque ignovit, nonnullos etiam magnis honoribus ornavit; inter quos erant Brutus* et Cassius*.

Sed Cato*, qui a perpetua unius hominis potestate abhorrebat, adhuc rem publicam conservare conabatur. Itaque Pompeio superato et occiso bellum in Africā produxit; hūc Caesar, omnibus in urbe rebus compositis, navigavit. Cato interea Uticam, urbem Africae, muniverat; ceteris adventu Caesaris perterritis, illum solum animus non deficit.

Postquam Caesar victoriam claram reportavit, multi e nobilibus Romanis qui Uticam defendebant fugere constituerunt. Cato autem eis discessuris naves et pecuniam praebuit, ipse cum paucis amicis in urbe manebat. Hi, cognito eius consilio, omnes gladios celaverunt; sed sub noctem Cato a servo fidelissimo gladium suum postulat;

quo accepto, ' Fortuna mea ' inquit ' iam penes me est.
Quid turpius est quam rei publicae superesse ? ' Haec
locutus se suā manu occīdit. Ita, ut poeta scripsit,

Victrix causa deis placuit, sed victa Catoni.

36. THE DEATH OF CAESAR (44 B.C.)

' *Julius Caesar performed the greatest constructive task ever
achieved by human hands.*' (John Buchan)

Iam Caesar summam in re publicā potestatem solus
habebat ; multis modis imperium eius toti populo Romano proderat. Inter pauperes agrum publicum divīsit,
provincias diligentius administravit, ipse magistratūs
plerosque nominabat. Quondam consule ultimo anni
die mortuo, alterum in duodecim horas nominavit : ita,
ut dixit Cicero, ' nemo Caninio consule prandit [1] '.

Mox tamen inter nonnullos cives, etiam inter Caesaris
ipsius amicos, oritur coniuratio. Alii enim irati erant
quod Caesar eis praemia et honores, quos speraverant, non
dederat ; alii (qui non sibi sed rei publicae consulebant)
irati erant quod totum imperium penes unum erat.
Caesar autem, ut putabatur, regis non solum potestatem
sed etiam nomen cupiebat.

Principes coniurationis erant M. Brutus et C. Cassius.
Caesar cottidiē in senatum sine armis (ut ei mos erat)
veniebat. Coniurationem ignorans et Brutum et Cassium
in amicorum numero habebat. Die constituto coniurati
in curiam conveniunt adventumque Caesaris exspectant.
Ille solitā horā domo egressus etiam in viā de periculo
admonitus est : Artemidōrus enim, qui amicus eius erat,
consiliis cognitis omnia Caesari aperire constituerat.
Itaque epistolam de eā re scriptam ei in curiam ingre-

[1] *had lunch*, perfect of *prando*.

dienti dedit ; forte tamen Caesar epistolam acceptam non
legit sed in manu retinet. In curiam ingressus a coniura-
tis densā turbā circumvenītur. ' Quid cupitis ? ' clamat,
deinde ' Quis me contra horum vim defendet ? ' Nemo
tamen ei succurrit : coniurati statim gladiis aggrediuntur.
Primum Caesar fortiter se defendit ; deinde ubi Brutum
inter inimicos videt, ' Et tu,' inquit, ' Brute ? ' nec iam
resistere conatur.

Ita interfectus est C. Iulius Caesar ; forte is a quo
Pompeius paucis ante annis victus erat, sub ipsa Pompeii
statuā cecidit.

37. OCTAVIAN : THE HEIR OF CAESAR

*Octavian, Caesar's great-nephew, was only eighteen years old
at the time of Caesar's death. Few would have guessed that,
young and delicate as he was, he would outwit the Senate and
Antony, succeed to Caesar's position, and prove one of the world's
greatest rulers.*

Caesare necato multi nobilium, qui rem publicam restituere cupiebant, laetissimi erant ; nam nemo iam, ut
putabant, talem potestatem, qualis Caesari fuerat, sump-
turus erat. Sed Cicero Antōnium* maxime timebat, qui
et Caesaris fidelis amicus erat et eo anno consul fuit.

Caesaris corpore in fŏrum ad funus producto, cives
acerrimā Antonii oratione excitantur ; oritur magnus
tumultus ; civium turba corpus statim facibus incendit,
deinde e foro properat et coniuratorum domos oppugnat.
Brutus* et Cassius* populi iram vix effugiunt, et ex urbe
in Graeciam properant. Cicero tamen, quamquam iam
senex erat, Romae mansit atque pro re publicā Antonium
oppugnare ausus est. Multis acribusque orationibus et in

senatu et apud populum consiliis Antonii restitit. Propter has orationes postea ab Antonio necatus est.

Caesar, qui nullos filios habebat, sororis suae nepotem, Octavianum*, hērēdem nominavit. Hunc autem et Cicero et Antonius contemnebant, nam adhuc adolescens erat et undevicensimum annum agebat. Sed Octavianus non minore prudentiā quam Caesar ipse praeditus erat ; brevi tempore et auctoritatem et gratiam apud populum sibi paravit. Postero tamen anno Antonio se adiunxit, et unā senatum coegerunt sibi maximam potestatem committere. Mox victis Bruti et Cassii copiis omnes eas terras quas populus Romanus administrabat inter se diviserunt ; Antonius in Aegyptum* profectus est, Octavianus Romam regressus lātē per Italiam pacem et otium restituit ; neque umquam postea bellum intra Italiae fines fuit. Post tot annos bellorum ac tumultūs haec perpetua pax Italiae incolis mira videbatur ; ita Vergilius eo tempore scripsit : ' Deus nobis haec otia fecit.'

38. OCTAVIAN AND ANTONY (40–31 B.C.)

It was the folly of Antony which led to the quarrel between himself and Octavian. By his victory of Actium in 31 Octavian became master of the Roman world.

Illo tempore in Aegypto regnabat Cleopatra, femina pulcherrima, insigni praedita ingenio : haec arte dolisque suam patriam adhuc līberam conservabat. Antonius, ubi in Aegyptum advēnit, amore incensus Cleopatram plurimis honoribus ornavit : līberis eius etiam provincias Romanas tradidit ; ipse, moribus Romanis contemptis, se quasi tyrannum gerebat. Non solum potestatem suam confirmare sed etiam (ut Romae putabatur) Alexandrēam caput totius imperii facere cupiebat. A tali consilio et

populus et senatus maxime abhorrebant : omnes igitur
—etiam ei quibus Caesaris potestas non placuerat—
Octaviano iam favebant.

Paucis post annis gravissima dissensio inter Octavianum
et Antonium oritur : Octaviano suadente, senatus bellum
indixit non Antonio (quod is civis Romanus erat) sed
Cleopatrae. Illi copiis coactis, navibus plurimis paratis,
cum Octaviani classe prope Actium* congressi sunt.
Proelio commisso, ubi adhuc victoria dubia erat, Cleopatra signo fugae suis dato cum Antonio effūgit et in
Aegyptum se recepit. Octavianus ceteris hostium navibus
aut captis aut incensis mox eos in Aegyptum secutus est.
Ibi Antonius proelio superatus se occīdit ; sed Cleopatra
primum clēmentiam atque etiam amīcitiam Octaviani
speravit. Ille contra nec pulchritudini cedit nec precibus ; in animo habebat eam in vincula coniectam in
triumpho ducere. Quā re cognitā, illa, non minore
superbiā quam fortitudine, se quoque interficere constituit. Itaque serpentem a servis clam postulat, cuius
veneno mortua est.

Hunc vitae finem habuit Cleopatra, quae populum
Romanum tanto timore tantoque odio affecerat, non
solum propter bellum ipsum, sed etiam propter Antonii
vitia. Ille enim, vir fortis olim et strēnuus, moribus eius
corruptus esse videbatur.

39. THE RULE OF AUGUSTUS (27 B.C.–A.D. 14)

*Octavian succeeded where Caesar failed. By giving the Senate
a share in the government, he reconciled it to his own authority,
and brought peace and order to the Empire.*

Antonio ita superato, nemo iam Octaviano resistere
poterat. Ille tyrannus esse nolebat ; quod tamen sub

Romanis iam erant tot et tantae provinciae, necesse erat summum imperium uni homini committere. Onera tamen imperii Octavianus alia sibi sumpsit, alia senatui dedit; eas enim provincias quae iam pacatae erant senatui reddidit, ceteras ipse curavit. Et proconsulis et tribuni potestatem accepit, et 'Augustus' vocatus est; quod princeps civium erat, adiectum est nomen 'principis'.

Augustus imperium quadrāgintā annos sustinuit; intra hoc tempus urbem Romam multis templis, foris, aliis aedificiis pulcherrimis ornavit, et plurimas vias per Italiam duxit. Plerosque magistratūs ipse nominabat; et senatoribus et equitibus[1] curam rerum publicarum commisit; omnes sub eo principe sine dissensione officiis studebant. Mores quoque priscos restituere conatus est, non modo legibus sed etiam exemplo suo; nam (ut Horatius* scripsit),

> Quid leges sine moribus
> Vanae proficiunt?

Provincias praesertim Augustus bene administravit. Intra fines pacem confirmabat, fines ipsos contra hostes defendebat. Horatius in carminibus dixit,

> Custode rerum Caesare,[2] non furor
> Cīvīlis aut vis exiget otium.

Saepe Italiā egressus per diversas provincias ipse procedebat; etiam in Britanniam proficisci voluit; sed hoc consilium efficere non potuit. Per Asiam tamen longum iter fecit. Trīgintā ante annis Parthi* Romanis magnā caede victis signa legionum ceperant; nunc Augustus, pace cum Parthis facta, sine bello suā auctoritate signa recipit.

Non sine causā Romani Augusto maximas gratias egerunt; eum etiam quasi deum laudaverunt. Per pro-

---

[1] See footnote on p. 44.
[2] Augustus inherited the name of Caesar from his adoptive father.

vincias templa araeque in eius honorem factae sunt ;
Romae quoque, quamquam non templis sacrificiisque
colebatur, a poetis deus vocabatur. Optime scripsit
Horatius,

> Divus habebitur
> Augustus adiectis Britannis
> Imperio gravibusque Persis.*

40. AUGUSTUS AND THE POETS

Apud populum et per provincias Augustus facillimē
gratiam sibi paravit ; sed difficilius erat nobiles Romanos,
qui potestatem suam amiserant, sibi adiungere : hac ipsā
de causā Iulius interfectus esse videbatur, quod nobiles
contempserat.

Eo tempore erant nonnulli poetae, sed in eā civitate
ubi pauci libros legebant, difficillimum erat poetis digne
et honeste vivere, nisi aut ipsi divites erant aut divitem
habebant patrōnum. C. Maecenas*, vir divitissimus,
fidelis Augusti amicus, qui artibus et litteris studebat,
multorum poetarum patrōnus fuit ; qui, eo suadente,
pacem, otium, principis gloriam operibus suis laudabant.

Horatius, de quo iam audivistis, primo senatūs causam
susceperat, atque proelio Philippensi* (quo victi erant
Brutus et Cassius) interfuerat. Eodem proelio, ut ipse
posteā narrabat, scuto abiecto fugā salutem petiverat.
Sed mox Romam regressus, ubi Octaviani virtutem cle-
mentiamque cognovit, ei favebat ; Maecenas, cui placebat
ingenium Horatii, eum in amicitiam suam accepit ; mox
etiam fundum eum, de quo poeta saepe scribit, ei dedit.

Propter bellum civile tumultumque agri neglegebantur ;
pauperes vitam urbanam quam laborem rusticum māle-
bant. Vitio tam gravi Augustus succurrere voluit, et
Vergilius* suo more auxilium praebuit. Nam vitam

rusticam quattuor libris laudavit et verbis pulcherrimis exposuit. Quarto autem libro alium poetam, Cornēlium Gallum, laudavit ; is militem quoque fortem strenuumque se praebuerat et paucis ante annis ab Augusto Aegypto praefectus erat. Sed terrā pācatā statuas in honorem suum posuisse dicebatur, atque etiam nomen suum et res gestas in Pȳramidibus inscripsisse. Quā de causā a principe statim revocatus et a senatu damnatus, suā manu mortuus est. Vergilius novam materiem invenire et librum nuper confectum iterum scribere coactus est.

V. THE EMPIRE AND BRITAIN

41. TIBERIUS AND SEJANUS (A.D. 31)

Tiberius' shy and morose character made him unpopular at Rome ; but he was the only surviving member of Augustus' family who was suitable to succeed him, and he proved a conscientious ruler.

Post Augusti mortem senatus summum imperium Tiberio* commisit. Ille tamen, quamquam rem publicam atque maxime provincias bene administrabat, gratiam apud plebem Romanam non iniit ; mores enim eius graves et acerbi videbantur, neque ei placebat ludis publicis adesse, senatum ac populum Romanum praemiis verbisque inanibus conciliare. Gravissime autem cives ferebant Sēiānī auctoritatem ; is erat eques [1] familia non nobili ortus, cuius consilia apud Tiberium maxime valebant.

Seianus gratiam apud Tiberium augere ita forte potuit ; eis in speluncam quandam ingressis saxa subito delapsa mortem minantur. Seianus corpore suo Tiberium contra saxa cadentia defendit. Principe ita conservato occasionem tam felicem non amisit ; nam potestatem suam, quoquo modo poterat, augere cupiebat. Tiberius, qui iam senex erat et imperii curis defessus, urbe relicta otium agere volebat ; atque vim seditionesque timebat. Seianus, qui haec non ignorabat, timorem eius arte sua auxit ; Tiberius rebus urbanis magna ex parte Seiano

---

[1] The term *equites* was now applied to the class in the state immediately below the Senators ; translate ' knights '.

44

commissis ipse Romā exiit, in insulam Capreas* se contulit. Per multos annos eā insulā numquam egressus per epistolas modo res administrabat. Crescit in dies Seiani auctoritas ; sed tandem spe summi imperii incensus, Tiberium necare, ipse ei succedere in animo habet. Quo consilio per amicum quendam cognito, Tiberius epistolam longam ad senatum statim misit ; hac epistola primo multas alias res agit, Seianum etiam laudat, denique sub finem totam coniurationem aperit. Seianus, dum epistola recitatur, primum laudes suas laetissimus audit ; deinde consilio turpi aperto maxime perterretur. Senatores cuncti, qui iam diu eum oderant, ' In vincula conicite' clamant ; ne unus quidem dissentit. Seianus a militibus comprehensus morte crudeli afficitur ; eodem die perierunt multi ex amicis eius. Nam (ut de hac ipsa re scripsit poeta quidam) :

> Turba Remi * sequitur fortunam, ut semper, et odit Damnatos.

42. THE EARLY EMPERORS

TIBERIUS (A.D. 14–37), GAIUS (A.D. 37–41), CLAUDIUS (A.D. 41–54)

Although there was no fixed rule of succession, the first four emperors after Augustus belonged to his family.

Numquam postea Tiberius Romam rediit ; nam paucis post annis Capreis egressus, ubi iam urbi appropinquabat, in itinere mortuus est. Morte Tiberii omnes magna laetitia affecti sunt ; vix senatus funus eius sine tumultu ducere potuit, densa enim civium turba vias complebat et 'Tiberium in Tiberim*!' clamabat. Sic periit princeps qui odium movit non propter vitia sed paene per

virtutes. Constantiam gravitatemque eius monstrat oratio quam apud senatum post Germanici* mortem habuit ;
ita enim locutus est :

'Non eadem facere debent princeps et populus maxi-
mus quae faciunt parvae civitates. Conveniebat vobis
propter Germanici mortem dolere ; sed iam modum
dolori imponite et animos confirmate. Quotiens enim
populus Romanus exercitūs victos, duces occisos constantiā tulit ! Labores vestros rursus sumite ; etiam ad
voluptates regredimini. Pereunt principes, res publica
vivit semperque vivet.'

Tiberio successit Gaius ' Caligula '*, Germanici filius.
Hic erat gratus apud senatum et populum ; mox tamen,
mente post morbum quendam amissa, se tyrannum
crudelissimum praebebat. Itaque brevi tempore, sedi-
tione inter milites facta, dum ludis adest necatur.

Post Gaii mortem multi Romanorum priscam rei
publicae formam restituere cupiebant ; milites tamen,
quoniam sub senatorum potestatem redire nolebant,
principem alium creare constituerant. Forte dum per
Gaii domum praedam petunt Claudium*, Germanici
fratrem, qui se miserum velis celaverat, inveniunt.
Statim comprehensus in castra fertur ; consilium militum
ignorans summo timore afficitur : frustra effugere conatur. Eum in castris circumveniunt milites omnes ; non
tamen eum interficiunt sed (id quod minime sperabat)
principem nominant ; nec senatores eis resistere audent.

Claudius neque corpore neque ingenio aptus ad imperium videbatur : sed princeps res Romanas et domi
et per omnes provincias bene gessit. Inter alia exercitum
in Britanniam misit. Propter victorias inde reportatas
filio suo nomen ' Britannicum ' dedit.

43. THE CONQUEST OF BRITAIN

It was mainly the desire for military glory which led Claudius to undertake the conquest of Britain in A.D. *43. The south-eastern lowlands proved easy to subdue, but the hill-country beyond the line of the Foss Way was more difficult to conquer and was never so thoroughly Romanized.*

(For places mentioned in this story see the map at the beginning of the book.)

Claudius, spe divitiarum atque gloriae adductus, Britanniam, centum iam annos a Romanis neglectam, in potestatem suam bello redigere constituit. Itaque quattuor legiones per Galliam in insulam misit, atque ipse brevi tempore mare transiit, adfuitque dum Camulodunum, oppidum totius Britanniae validissimum, oppugnatur. Deinde sexto decimo post adventum die omnibus copiis A. Plautio* commissis Romam rediit.

Plautius omnes inferiores insulae partes facillime pacavit ; et intra decem annos Romani usque ad Trisantonam* Sabrinamque* fluvios imperium suum constituerant. Hac Britanniae parte in formam provinciae redacta, nonnullos reges qui ab eis in fidem accepti erant regna sua administrare sinebant. Multi mercatores exercitum Romanum in novam provinciam secuti sunt ; Londinium praesertim brevi tempore fit oppidum totius provinciae maximum ac divitissimum. Maiore tamen difficultate eas gentes quae inter montes habitabant vicerunt.

Tandem Suetonius*, dux strenuus et fortis, etiam in insulam Mŏnam copias duxit. Eo absente, eae civitates quae iam pacatae putabantur, propter Romani imperii odium subito inter se coniuraverunt. Huius consilii princeps fuit Boudicca, regina Īcēnorum, femina superba atque audax, quae multas iniurias a Romanis acceperat. Huius reginae copiae Camulodunum, ubi colonia Romana iam condita erat, vi captum incenderunt, cives omnes ad unum interfecerunt.

Quibus rebus cognitis, Suetonius magnis itineribus regressus, Londinium advenit ; sed quoniam duas tantum legiones secum habebat, id oppidum defendere non potuit. Eo rursus egresso barbari oppidum deleverunt ; incolae ad septuāgintā milia perisse dicebantur, sed hic numerus paene incredibilis est.

Barbari victoriā iam laeti nullo ordine nulla disciplina Romanos secuti in loca difficiliora venerunt. Ibi Suetonius acie in colle instructa hostium impetum exspectavit, et facile eos in fugam vertit. Boudicca, copiis suis superatis, quod maluit libera mori quam capta vivere, sua manu periit.

44. AGRICOLA IN BRITAIN (A.D. 78–84)

We know much about Agricola, the greatest governor of Roman Britain, because his son-in-law, the historian Tacitus, wrote a biography of him.

Suetonio successerunt alii legati : mox Cn. Iulius Agricola provinciae praefectus est. Hic quamquam rei militaris peritus erat, pacis magis quam belli artibus provinciam regere voluit. Itaque per eas insulae partes quae iam erant pacatae iniurias sustulit, onera tributi aeque distribuit, Romanorum artes, linguam, mores instituit. Multae igitur civitates, quae adhuc libertati studuerant, propter clementiam eius in amicitiam Romanorum venerunt.

Magna tamen pars Britanniae nondum pacata erat. Itaque Agricola Brigantes, gentem barbaram atque saevam, vi et armis superavit, deinde in Calēdŏniam* copias duxit. Tandem ad montem Graupium* pervenit,

ubi magnae hostium copiae eum exspectabant. Suis
pugnam ingressuris talem orationem habuisse dicitur :
  ' Septimus iam annus est, milites, ex quo tempore
virtute vestra, fidē atque operā mea, Britannos vicistis.
Egressi igitur e provincia nunc ad finem Britanniae
pervenimus. Saepe in itinere ubi vos montibus flumini-
busque impediebamini, fortissimi cuiusque vocem audivi,
" Quando inveniemus hostes, quando aciem ? " Adveniunt hostes—īdem hostes quos proximo anno, unam
legionem nocte aggressos, clamore tantum superavistis.
Acerrimi Britannorum iam ceciderunt ; manent ignavi
et invalidi. Nec fugere debetis : fuga enim neque
exercitui tuta est neque duci. Iam Britannia victa pacem
Romanam, mores Romanos accepit : haec ultima victoria nostrum imperium per totam insulam confirmabit.
Pro re publica et pro vobis ipsis pugnantes maximam
virtutem hodie praebete.'
  Agricola haec locutus signum proelii dedit. Diu et
acriter pugnatum est : tandem Romani magnam victoriam reportaverunt. Mox Agricola Romam regressus
provinciam quietam tutamque reliquit. Calēdoniam
tamen Romani in potestatem suam redigere non poterant ;
itaque paucis post annis Hādriānus* princeps trans insulam, ubi angustissima erat, murum duxit. Hic murus,
quem etiam hodie post tot annos videre possumus, tre-
centos per annos provinciam pacatam a gentibus barbaris
dividebat.

45. ' ULTIMA THULE '

Mos erat Romanis auxilia e gentibus superatis conscri-
bere, atque in alias provincias mittere. Ita cohortes
quaedam Ūsiporum*, gentis Germanicae, Agricolae
auxilio mittuntur dum bellum in Britannia gerit. Eo

5

tempore Agricola in ea parte Britanniae quae Hiberniam*
aspicit copias suas habebat ; eo adveniunt Usipi. Mox,
disciplinae militaris odio affecti, rem miram atque paene
incredibilem ausi sunt. Occisis Romanis qui eis prae-
fecti erant, in tres naves conscendunt, et gubernatoribus
per vim coactis statim in mare ignotum navigant ;
ubi aquae cibique causā navibus egressi cum Britannis
pugnaverunt, modo superabant modo repellebantur.
Tandem in summam inopiam redacti, invalidissimos e
suo numero ēdisse dicuntur, mox etiam alios sorte ductos.
Ita circum Britanniam vecti, naves tempestate amiserunt ;
complures perierunt, reliqui ad litus Germaniae adiecti
ita mortem vitaverunt, sed ab eius regionis incolis servi
facti sunt ; illi enim eos piratas esse putabant. Postea
pauci eorum in alteram Rheni* ripam adducti et a mer-
catoribus empti, Romanos de suo facto certiores fecerunt.

Quibus rebus auditis Agricola, quod ita monstratum
est Britanniam insulam esse, classem circum Britanniam
navigare iubet. Voluit enim de Thūlē* quoque cognoscere, insulā Romanis per fabulas sermonesque modo
notā ; hanc ultra Britanniam iacēre putabant. Itaque
navibus multis paratis, magna copia cibi imponitur,
validissimus quisque et acerrimus ad hanc rem deligitur.
Diu classis praeter oram Caledoniae vehitur, tandem in
mare apertum egressa insulas ad id tempus ignotas, quae
ab incolis Orcades* vocabantur, invēnit. Ibi Romani e
navibus egressi paucos dies manebant, deinde ad provinciam redierunt. Dixerunt se aliam quoque insulam
procul aspexisse, non tamen appropinquavisse ; nomen
huic ' Thulēn ' dederunt. Praeterea narrabant mare ibi
pigrum et grave esse, ac ne ventis quidem moveri ; fortasse aqua glacie completa erat, sed res dubia manet.

46. VERULAMIUM—I (A.D. 80)

This imaginary scene, together with those in pieces 48 and 50, gives a picture of a typical Romano-British town at three stages, in its transition from a native to a Roman culture, in its prime, and in the days of the decline and poverty of Roman Britain.

Mercator quidam Romanus, Londinio cum tribus servis profectus, Verulamium equo vehebatur. Ubi oppido appropinquavit, senem prope viam laborantem ad se vocavit. 'Estne deversorium in oppido tuo?'

'Immo duo: si vis, ego te ad alterum ducam.' Ille gratias agit; dum in urbem procedunt, senex 'Londinione iter facis?' inquit: 'sermone tuo ex Italia venisse vidēris.'

'Ego Roma per Galliam veni; totum mensem in itinere fui.'

'Oppidum nostrum parvum et humile esse putabis: sed viginti abhinc annos in bello Icenorum paene totum est incensum; ego ipse, patre et matre amissis, vix effugi. Sed brevi tempore rursus aedificavimus: nova aedificia, vias stratas quas ubique vides, Romano more fecimus. Nunc aedificia publica e lapidibus aedificamus: nam municipium Romanum pulchrum et bene ornatum esse debet.'

'Ego quidem' inquit mercator 'vix sperabam me urbem tam magnam tamque divitem in Britannia inventurum esse.' Iam intra portam oppidi ingrediebantur. 'Audivi' inquit senex 'Galliae urbes muros habēre: nos tamen fossa valloque urbem nostram cinximus. Sed vix iam belli periculum est; milites enim nostri barbaros in montibus continent.'

'Nonne inter Britannos adhuc manet Romanorum ŏdium? Nam nuper, ut audivi, bellum contra nos movistis.'

' Minime quidem ; contra, moribus Romanis magis
magisque studemus ; iniurias non iam timemus, praeterea
nos omnes Verulamienses* cives Romani sumus.'

' Semperne linguam Latinam loqueris ? '

' Tu fortasse ' respondit senex ' putas me linguam tuam
malĕ loqui ; sed puer lingua Gallica* utebar ; qua tamen
nemo iam urbis incola uti solet.   Filios meos, quod cives
Romani nati sunt, Romanorum modo educavi ; togam
portabant, et ad ludum Romanum mittebantur.   Alter
eorum cum exercitu in ultima insulae parte abest : dicunt
eum cum Agricola in Caledoniam transisse, sed nullam
ab eo epistolam accepi.'

Iam ad deversorium pervenerant : senex loquax in
agros regressus est.

47. THE GREAT FIRE (A.D. 64)

*The story of the Great Fire shows that there were already
many Christians in Rome ; in describing the event, Tacitus is the
first Roman writer to mention them.*

Ultimus ex Augusti familia princeps fuit Nĕro*, homo
animo superbo, moribus pessimis.   Per quinque annos
bene regebat ; modeste se apud senatores gerebat, et
iuravit se consilium eorum non contempturum esse.
Postea tamen in deterius corruptus esse videtur ; officia
sua neglexit, inimicos interfecit, se turpissimis volupta-
tibus dedit.   Tandem Galba*, qui provinciae Hispaniae*
praefectus erat, arma contra eum sumpsit.   Nero, a suis
militibus desertus, Roma noctu fūgit, in casa humili se
celare conatus est.   Sed ubi certior factus est senatum se
absentem mortis damnavisse, se sua manu interfecit ;
traditur memoriae eum moriturum haec verba locutum
esse : ' Qualis artifex pereo ! '

Sub Nerone magna pars Romae ingenti incendio deleta est. Eo forte tempore Nero urbe aberat, sed statim regressus se diligentem et strenuum in opere praebuit. Aderat inter delabentia aedificia, ipse pericula non vitabat ; incendio tandem oppresso eis qui domos amiserant succurrit. Postea constituit urbem rursus aedificare ; statim opus institutum est, mox oritur novum oppidum multo pulchrius quam vetus. Sibi quoque alteram domum magnā pecuniā aedificavit, quae propter pulchritudinem ' Aurea Domus [1] ' vocata est.

Post incendium finguntur per urbem rumores multi et varii. Credebatur enim Nero de colle quodam flammas spectans carmen ad rem idoneum, a se ipso compositum, cecinisse. Erant quoque qui principem sceleris atrocissimi accusaverunt, dicentes eum ipsum incendii auctorem fuisse ; alii enim putabant eum urbi superesse voluisse, alii multa urbis aedificia ei non placuisse. Sed scelus tam atrox paene incredibile est ; neque eis credere debemus qui Christianos, genus hominum iam Romae florens, huius sceleris accusaverunt. Multi tamen Christianorum, in vincula coniecti, supplicio gravissimo puniti sunt ; alii enim a canibus dilacerati sunt, alii vivi sunt incensi. Hoc enim consilio Romani sperabant cunctos Christianos perterritum iri.

[1] ' The Golden Palace.'

48. VERULAMIUM—II (A.D. 180)

Gaius Flāvius Prōtus Verulamii Britannis parentibus natus est ; civis erat Romanus, ut nomen eius monstrat, et Romano more educatus est. Sed quoniam trium fratrum minimus erat, septendecim annos natus miles

factus est : primo in legione secunda Augusta [1] meruit,
mox in Africam* missus est ; post viginti stipendia in
patriam regressus est, ubi credebat patrem suum adhuc
vivere.

Urbi appropinquans portam novam splendidamque
vidit ; per portam ingressus novas vias, nova aedificia,
nova templa conspexit, omnia pulchra et florentia. Mox
certior factus est patrem suum superiore anno mortuum
esse, fratres (qui mercatores erant) magnas quaesivisse
divitias atque novam domum sibi fecisse. Quorum
alterum domi invēnit, alter Eboracum negotii causā
paucis ante diebus profectus erat. Postquam fratrem
salutavit, ' Quam splendidam ' inquit ' vos domum
habetis, Marce ! '

' Splendidius enim iam aedificamus quam olim solebā-
mus, nam urbs totius provinciae maxima digne ornata
esse debet. Pecunia non dēest nobis ; et publice et
privatim omnia pulchra habere volumus. Nos autem
Britanni domos nostras more Romano ornare solemus.
Vidē hoc pavīmentum meum '—et haec locutus fratrem
in interiorem domum duxit—' Nonne te delectat ? '

' Me quidem : nunquam enim effigiem tam vivam
conspexi : quas enim Romani ipsi faciunt, quamquam
arte sunt superiores, vi tamen sunt inferiores.'

' Vere dicis, Gai : proximo anno, ubi patrem, pedibus
aegrum, ad Sulis Aquas* duxi, hoc īdem mihi visum est :
nam ibi quoque plurima sunt opera a Britannis facta,
laude dignissima.'

' Sed patrem, senem et aegrum, ad Aquas Sulis ivisse !
Nonne divites soli eo ire solent ? '

' Immo nonnulli Britannorum ibi hiemem agunt :
itaque prope aquas non templum modo sed paene urbs

---

[1] Legions had titles of honour as well as numbers. The ' Second
Augustan legion ' had conquered the western part of the country
and had long been stationed at Isca Silurum (Caerleon-on-Usk).

parva orta est. Illius templi sacerdos divitissimus est :
nam ei quibus aquae profuerunt non solum deae ipsi, sed
sacerdoti quoque, praemia reddunt.'

49. CONSTANTINE (A.D. 306-337)

*After A.D. 200 there was a succession of weak emperors.
The strong and undivided rule re-established by Constantine did
not long outlive him, and the invasions of the barbarians became
more serious and more successful.*

Multo postea, quod per tot et tantas provincias valebat
Romanorum potestas, summum imperium inter duos
principes, Constantium et Gălĕrium, divisum est ; hic
Byzantii* regnabat, ille Romae.   Forte Constantius, dum
in Britanniā res administrat, morbo affectus est ; cuius
filius Constantīnus, vir summo ingenio, rei militaris
peritissimus, ab inimicis Romae retentus erat.   De patris
morbo certior factus, a custodibus effūgit, et celerrime per
Italiam Galliamque nullo impediente Eboracum equo
properavit ; ibi patrem vivum sed aegerrimum invēnit.
Quo mortuo a militibus sine mora princeps nominatus
est ; sed quoniam multi et Romae et per provincias ei
invidebant, necesse fuit ei copiis coactis per Galliam
contendere, imperium suum vi et armis confirmare.
Victoriā prope urbem reportatā, per alteram imperii
Romani partem potestatem suam instituit ; mox alteram
quoque partem superare conatus est ; nam putabat
imperium divisum nec Romae nec provinciis prodesse.
Proelio iusto facto victor discessit, deinde summa potestate
solus potitus caput imperii Romā Byzantium transtulit.
Ibi urbem pulcherrimam aedificavit, quam nomine
mutato Constantīnopolem* vocavit.

Memoriae traditur Constantinum in Italiam contendentem, nondum cum hostibus congressum, monstrum mirum et divinum vidisse ; dicitur enim in caelo crucem ardentem conspexisse, et super crucem haec verba : IN HOC VINCE. Quae quidem res dubia manet ; constat tamen Constantinum ex eo tempore cruce usum esse pro signo, idque galeae suae militumque scutis imposuisse.

Huius rei memoriā adductus, Christianis maxime favebat, qui usque ad id tempus contempti atque oppressi erant ; supplicia veriti etiam sub terram se celare solebant. Sed Constantinus pollicitus est se iura aequa eis daturum esse, ac postea ipse Christianus factus est. Mox igitur omnes fere Romani, principis exemplum secuti, deos veteres colere desinebant, statuas eorum incenderunt, et templa ad novum usum verterunt.

50. VERULAMIUM—III (A.D. 368)

The decline of Roman Britain was gradual and began about A.D. *300. A hundred years later the few Roman troops remaining in Britain were withdrawn, and in* A.D. *410 the Emperor Honorius instructed the British towns to look to their own defence. The intervening century was one of recurrent war, invasion and destruction.*

Eques defessus ad portam Verulamii celerrime vectus ' Adsunt ' clamat ' Saxŏnes* : muros complete, portas claudite ! ' Nec tum primum talia verba ibi audita sunt ; iam diu enim barbari oram maritimam vastabant atque etiam in interiorem insulam procedere solebant. Praeterea auxerant mala Britannorum Picti,* qui, muro Hadriani* nuper potiti, per terram manibus parvis errabant, longe lateque agros vastabant, incolas occidebant. Pauci milites reliqui erant, plerique enim Romam revocati Italiam contra barbaros defendebant.

Eis temporibus non iam Verulamium tot incolas, quot ante, habebat ; gloriam, divitias, pulchritudinem amiserat. Sed quamquam multae domorum desertae erant, muri adhuc erant validi integrique.

Clamore sublato omnes densā turbā in forum concurrunt ; ibi nuntius magistratūs certiores facit se solum e cohorte sua effugisse, Saxones autem etiam nunc ad urbem contendere. Quibus rebus auditis magistratus iubent portas claudi, compleri muros. Cives alii domum regressi pecuniam suam in hortis celant, omnia ad fugam parant ; alii armis sumptis se in tanto discrimine defendere constituunt. Auget tumultum turba ingens quae, diro nuntio audito, se intra muros contulerat.

Sub noctem crescit ubique terror ; procul conspiciebantur casae, villae, silvae ab hostibus appropinquantibus incensae. Vigilant omnes per totam noctem ; nam qui dormire audebant clamoribus reliquorum prohibiti sunt. Magistratus cives hortari frustra conabantur ; dixerunt enim Saxones terrā vastatā cum praeda ad naves se recepturos. Sed pauci eis credebant ; cuncti sperabant hostes postero die murum oppugnaturos esse.

Prima luce universi ad muros properant ; sed nullos Saxones aspicere possunt. Eis dubitantibus miles e summo muro clamat, ' Conservata est urbs : adest legio ! ' Nec spe inani fallitur ; mox adveniunt Romani, duce Theodōsio.* Hunc in Britanniam magnis cum copiis princeps miserat, iusseratque Saxŏnes Pictosque e provincia expellere. Huic, quod in tempore advenerat, cives laetissimi gratias maximas egerunt.

VI. LIFE DURING THE EMPIRE

51. HORACE AND THE BORE

Horace wrote some little essays in verse which he called
Sermones (' *Conversations* ') ; *it is from one of these that this*
glimpse of life in Rome under Augustus is taken.

Olim Horatio* poetae, dum per Viam Sacram* it,
occurrit loquax quidam, nomine tantum ei notus. Is,
dextrā eius raptā, ' Quid agis, amice dulcissime ? ' rogavit;
Horatius breviter respondit, deinde discedere conatus est.
Sed quanto magis properat, tanto celerius sequitur ille.
Tandem ' Cupisne abire ? ' inquit. ' Num vīs me vitare ? '
Vere respondere difficile erat ; itaque Horatius negotium simulat. ' Ad amicum propero, qui trans Tiberim
habitat, prope hortos Caesaris ; itaque—valeas ! '
' Ego tamen hodie vacuus sum negotiis, et me delectabit tecum ire ; iam diu enim sermonem tecum cupio.
Ego quoque litteris studeo ; quin etiam poeta sum, nec
mihi deest verum ingenium. Nemo me aut plura aut
celerius scribit.'
Talia de se sine fine garrit ; silet Horatius, solito more
secum cogitat. Mox ad Vestae* templum adventum est;
subito ' Venia sit mihi ! ' clamat, ' Memini quendam me
in iudicium hodie vocavisse ; si me amas, te testem [1]
mihi praebe ! '
' Peream, si quid aut de iudiciis aut de iudicibus scio ! '
Sed non tam facile servatur Horatius ; ille enim
' Mehercle,' inquit, ' rem, non te, relinquam,' et Horatium
usque sequitur.
Mox ' Maecenatem* ' inquit ' scio te bene novisse.

Est homo egregio ingenio, moribus urbanis ; me fortasse inter amicos eius pones. Quod si feceris, tibi multis modis prodero.' Haec tamen verba iram Horatii movent ; 'Non talis est Maecenas qualem tu putas eum esse——'

Dum haec respondet, occurrit ei amicus quidam. Quem postquam salutavit, Horatius 'In tempore' inquit 'congressi sumus ; negotium quoddam tecum habeo.' Sed ille, re bene intellecta, ridet et 'Memini quidem', respondet, 'sed meliore tempore rem agamus ; non decet nos in via de tanta re loqui. Mihi ignosce ; vale !'

Horatius ita desertus omnem spem abicit ; sed tandem venit auxilium. Occurrit illius adversarius, qui magna voce 'Quo, turpissime ?' clamavit, et Horatio, 'Visne adesse mihi testis [1] ?' Laetus assentit Horatius, quamquam de legibus se scire negaverat. Omnes se in iudicium conferunt ; tandem siluit loquax.

[1] In civil cases the plaintiff himself had to serve the summons on the defendant. It was customary to ask one of the bystanders to appear in court and give evidence that the summons had been served. The defendant also might produce witnesses, to testify to his moral character and to the rightness of his case ; Horace's ignorance of the law prevented him from supporting the bore, but not from helping the plaintiff to serve his summons on him.

52. THE STREETS OF ROME

Juvenal, who gives us this picture, lived a century after Horace, when the streets of Rome were even more busy and crowded.

Fires were very common in the many-storied wooden apartment-houses of Rome, called insulae, *in which the mass of the population lived.*

Nuper forte Umbricio, amico meo, prope portam Capenam* occurri. Is dixit se Roma abire constituisse ; quin etiam, eo ipso tempore urbem relinquere. Mihi causas quaerenti talia respondit :

'Tune miraris quod non mihi placet hic diutius habitare? Non ignoras me pauperem esse, et Romae nimis valet pecunia. Divites eos contemnunt quibus pecunia deest. Nuper in theatrum ingressus in primis ordinibus sedi : statim a tergo audivi quendam clamare : "Expellant istum ! Nonne cognovit eum locum equitibus [1] servatum esse?" Sine mora removeor, quod—scilicet— nimis pauper sum.

'Haec tamen ferri possunt : peiora audi. Quod periculum rusticis minatur? Nostrae contra domus saepe delabuntur, saepius incendio delentur. Erat mihi amicus qui sub tecto habitabat ; forte tota ea domus incensa est : qui infra habitabant modo aquam postulant, modo sua bona per fenestras iaciunt. Frustra ! Ille interea dormiebat—ille ultimus arsit ! Etiam si pauper omnibus rebus amissis ipse servatus est, vix ei prodest. Nemo enim pauperi vult succurrere : diviti contra, domo incensa, omnes auxilium praebent. Nonne Persici meministi ? qui, incensa domo, meliora et plura accepit quam amiserat. Dicitur quidem ipse eo consilio incendii auctor fuisse.

'In viis etiam maius est periculum. Dives, si per urbem ire vult, lecticam postulat ingentem, per vias cedente turba fertur ; in lectica legere, scribere, dormire potest : nobis contra properantibus resistit densa multitudo civium, militum, servorum ; difficile est sine vulnere iter conficere. Divus Iulius [2] (ut audivi), intra ea loca ubi domibus continuis habitatur, plaustra raedasque post solis ortum esse vetuit—exceptis eis quae saxa materiemque ad templa et opera publica portant. Sed etiam his viae saepissime complentur : ac, si evertuntur, quid superest eorum qui aderant?

'Praeterea noctu in viis errant multi latrones, quibus si

[1] See note on piece 41.

[2] After their death most of the Roman Emperors were declared gods, and referred to as *divus*.

LIFE DURING THE EMPIRE

occurris, miserrimus discedis : puta te felicem esse, si paucis cum dentibus domum perveneris.'

53. TOWN AND COUNTRY : PLINY'S 'VILLA'

The Roman of means had a town-house of his own, and one or more country-houses besides. Pliny, in one of his letters, enthusiastically describes the ' villa ', some miles south-west of Rome, where he generally spent the winter months.

C. Plinius* Gallo suo salutem.

Tu fortasse eadem quae ego sentis. Ego enim Romae tam multa facio ; haec eodem die quo feci necessaria videntur, sed si a me quaero, ' Quid his quattuor diebus fecisti ? ' ita fere respondeo : ' Huius filius togam virilem [1] sumpsit ; illius filia alicui nupsit ; ille orationem longam inanemque apud senatum habuit, ille librum suum nuper confectum recitavit—quibus omnibus rebus ego miser adfui. Quot dies talibus negotiis sumpsi ! ' Nonne tu quoque ita sentis ? Atque multo magis cum urbe egressus ruri habitas ; quod mihi accidit ubi in fundo meo Laurentino* aut studeo aut vacuus sum labore.

O dignam felicemque vitam ! O dulce otium, ac paene omni negotio gratius ! O mare, o litus . . . ! Sed puto te villam meam numquam vidisse ; paucis igitur verbis formam eius exponam, ut tu quoque pulchritudinem intellegas.

Ab urbe septendecim milia passuum abest ; hunc autem locum delegi, ne nimis temporis in itineribus sumerem. Undique silvis agrisque cingitur. Villa ipsa satis ampla est ; in prima parte *atrium* habet non splendidum sed

---

[1] The *toga virilis* was the plain white robe of the Roman citizen, which the boy first put on in his sixteenth year. The change from the *toga praetexta* (see note on piece 22) was marked by a family celebration.

gratum ; deinde duas *porticus* D litterae similes quae *aream*
continent. In interiore domo alterum atrium, deinde
triclinium satis pulchrum, quod in litus produximus, ut a
fronte et a lateribus mare videamus. Prope hoc triclinium
a sinistra parte nonnulla sunt *cubicula*. Reliqua pars huius
lateris servorum est ; ab altero latere alia cubicula habeo,
balneum cum calida *piscina* ex qua, dum natamus, mare
aspicimus, triclinium alterum quod hortum videt. In
horto multae sunt arbores, pleraeque earum ficūs ; inter
hortum et litus longa *cryptoporticus* cui ab utroque latere
sunt fenestrae ; haec aestate contra solem, hieme contra
frigus et ventos nos defendit.

Nonne iustis de causis tibi videor villam meam amare ?
Ibi quam diutissime maneo, inde Romam invitus discedo,
eo summa laetitia redeo. Haec autem ad te scripsi ut tu
quoque disceres otium rusticum cupere, urbem odisse.

NOTE ON THE ROMAN HOUSE

Atrium, the central hall, the chief room of the house.
Porticus (-ūs, f.), a verandah or colonnade.
Area, a courtyard.
Triclinium, the dining-room.
Cubiculum, a bedroom.
Balneum, the bath-rooms ; for there were always several separate
rooms for this purpose.
Piscina, the plunge-bath.
Cryptoporticus (-ūs, f.), a covered walk.

54. SLAVES AND FREEDMEN

At this time (about A.D. *100) the treatment of slaves was more
humane than it had been formerly. This letter illustrates the
consideration which a master such as Pliny showed to his slaves,
and gives the story of a typical freedman.*

Nonnulli ex libertis servisque meis morbo gravissimo
afficiuntur ; quae res mihi magnum dolorem movet. Tu

fortasse me ridebis ; satis enim scio alios dominos servorum
mortem nihil amplius existimare quam damnum, atque
ea de causa sapientes sibi videri ; sed ego semper memini
servos quoque homines esse. Ne forte putes me nimis
humanitatis, parum severitatis in servos meos praebere,
audi de liberto meo, quocum heri, dum aeger iacet,
sermonem habebam. Quae ille me de vita sua docuit,
tibi quoque narrabo.

' Ephesi* sum natus ' inquit ; ' patrem nec divitem nec
pauperem habebam. Quattuordecim annos natus cum
eo in Graeciam navigabam (mercator erat, qui vinum per
insulas emebat ut maiore pretio Athenis* venderet). Ut
noctu quoque navigaremus, sideribus utebamur ; erant
quoque multi ignes per promontoria ardentes, ut nautis
signa essent. Sed insulae cuiusdam incolae ignem falsum
incenderant, ut naves in litus saxis impeditum adducerent.
Ita oppressa nave perierunt paene omnes ; ego cum paucis
aliis incolumis, patre amisso, ad terram effugi. Statim ab
incolis captus, et in servitutem venditus, mox Romam
ductus sum.'

' Num talia etiam nostris temporibus fieri possunt ?
Nonne totum piratarum genus iam diu periit ? '

' Piratae quidem ; sed insularum incolae saepe, navibus
ita in saxa adductis, doli scelerisque pretio vivunt.'

' Sed quando Romam venisti ? '

' Abhinc duodecim annos : primo seni cuidam servus
fui ; qui, quod ipse libertus erat, eo crudelior erat in suos.
Errores etiam levissimos suppliciis atrocibus punire solebat. Ego, quod linguam Graecam bene sciebam, scriba
factus sum. Hui ! Quotiens mihi irascebatur quod
epistolae meae non ei placebant ! Quam multa verbera
ego miser accepi !

' Eo mortuo, speravi me liberum factum iri. Sed
moriens filium suum sex tantum servis libertatem dare
iusserat. Hic autem intra paucos menses, tota re perdita,

nos reliquos vendere coactus est. Ita in tuam domum veni ; tu omnium dominorum humanissimus fuisti, atque post quinque annos (ut ipse scis) me cum multis aliis manu misisti.'[1]

[1] *manu mittere*, to free a slave (by a symbolic ceremony).

55. ONE VIEW OF ROMAN GAMES

This letter is based on actual letters of Cicero and Pliny. Their attitude to the games is remarkably similar, but far from typical ; for the ludi publici *appealed to all classes of Romans. Boar-hunting was the fashionable field-sport of the day.*

Ridebis et licet ridere. Ego quem bene novisti apros tres et eos pulcherrimos cepi. Ipse ? rogabis. Ipse ; non tamen ab otio meo et quiete discessi. Ad retia sedebam ; manu non hastam tenebam sed stilum ; cogitabam aliquid scribebamque. Interea clamorem audivi, servos per silvas currentes vidi. Ecce ! In retia impellitur aper ingens ; quem incredibili virtute hastā occidi. Alterum atque tertium eodem modo, stilo deposito, excepi. Noli contemnere hoc studii genus ; nam inter silvarum silentium animus mihi semper maxime excitatur, nec volo quae cogitavi oblivisci.

Si forte quaesiveris, ' Cur Roma hoc tempore abes ? Num ignoras ludos *circenses* adesse ? ' ' Minime ', respondebo, ' propter hanc ipsam rem ruri maneo.' Hoc enim genus voluptatis ne levissime quidem me iuvat. Nihil novi inest, nihil varii ; miror tot virorum milia, puerorum modo, cupere equos currentes spectare. Neque autem celeritate equorum neque hominum arte adducuntur, sed propter pecuniae spem huic vel illi colori favent. Quod studium non solum plebi inest, sed etiam nonnullis gravibus hominibus ; cum autem memini eos re tam inani delectari, capio ipse aliquam voluptatem quod hac voluptate non capior.

Meliores scilicet sunt *ludi scaenici* ; sed his etiam minime delector, nimis enim apparatūs, parum artis inest. A *gladiatoribus* scis me tantum abhorrere ut numquam eos spectem. Manent *venationes*, splendidae—nemo negat— sed quomodo potest delectari homo urbanus et humanus, cum aut vir invalidus a fera ingenti dilaceratur aut praeclara fera hastā occiditur ? Sed nihil tam crudele est ut plebem non delectet. At ' nihil ' dixi ? Immo, audi de elephantis ; qui nuper in arenam missi admirationem moverunt ; sed eis multo sanguine occisis nulla voluptate afficitur turba. Quin etiam dolor quidam secutus est ; multi enim existimabant eas feras quandam cum hominibus societatem habere. Res est satis mira, neque eam facile intellego. Nam quae fera, praeter elephantos, morte sua plebem ad dolorem movet ?

NOTE ON ROMAN GAMES

Public games were held under the Empire in honour of various gods, including the deified emperors, on the birthday and accession day of the reigning Emperor, and to commemorate the anniversary of great victories in war. The entertainments provided were—

1. *Ludi scaenici,* or dramatic entertainments, at which were produced either native Latin plays or adaptations from the Greek.

2. *Ludi circenses,* which were held in the Circus, and consisted mainly of chariot-racing with teams of two, three or four horses : betting played as important a part as it does on an English racecourse ; teams were supplied by four training-establishments, each of which had its own ' colours '.

3. Contests of gladiators (*gladiatores*) ; these were prisoners of war, or condemned criminals, who were trained to use various weapons such as the sword, or the net. They fought to the death, but if a man were wounded, his fate was often left to the spectators.

4. *Venationes,* contests between different kinds of wild animals or between man and beast. These exhibitions, like the gladiatorial combats, took place in an amphitheatre such as the Colosseum.

6

56. CATASTROPHE AT FIDENAE (A.D. 27)

*A Roman seeking election to public office was expected to pay
for elaborate public games ; the same, on a smaller scale, was
true in local politics.*

Romani et ludis scaenicis et gladiatoribus semper
maxime studebant ; sed ante Caesaris tempus neque
ullum theatrum Romae erat et gladiatores in foro pugnabant. Sed tantus ludorum amor plebi inerat ut cives
divites theatra lignea ad ludos singulos facere solerent.
Tandem Cn. Pompeius* theatrum e lapidibus aedificavit ;
mox et alia theatra et amphitheatra Romae fuerunt.

Imperante Tiberio* atrox et improvisa res Fidenis*
accidit, quod oppidum non longe a Roma aberat. Civis
quidam nomine Atilius amphitheatrum magnum aedificavit, ut gratiam apud cives iniret. Quod tamen multam
pecuniam impendere noluit, neque fundamenta valida et
alta iecit neque muros satis confirmavit. Mox, theatro
confecto, gladiatores emit, omnia ad spectaculum com-
paravit. Etiam Romam perlata est novi theatri fama ;
et certo die undique concurrunt Fidenas multa milia et
virorum et feminarum. Mox completum est totum theatrum : manet extra maxima multitudo eorum qui sero
venerunt. Deinde gladiatores, in arenam missi, pugnare
incipiunt. Subito auditur sonitus dirus : cuncti e locis
surgunt et fugere conantur. Sed auget periculum motus
tantae multitudinis. Crescit sonitus ; aedificium delabi
incipit, et inter clamores omnium tota moles ad terram
cadit : omnes qui aut in theatro sedebant aut circum
muros stabant, praecipites tractos opprimit. Multi statim
pereunt, plures gravia vulnera accipiunt.

Famā huius calamitatis Romam perlatā concurrunt
amici eorum qui Fidenas ad spectaculum iverant : etiam
ei quorum amici variis de causis Roma aberant, timore

affecti, suos inter mortuos quaerebant. Cognitum est denique quinquaginta hominum milia ea calamitate perisse. Deinde praebitum est in urbe insigne exemplum priscae disciplinae, morum veterum : nam omnes communi malo tantum permoti sunt ut, suarum rerum obliti, miseris auxilium tulerint. Tiberius ipse multis sua pecunia succurrit. Atilius in exsilium actus est ; ac ne tanta calamitas iterum accideret, senatus in tempus futurum vetuit theatrum aedificari nisi fundamentis altis et validis.

57. THE ERUPTION OF VESUVIUS (A.D. 79)

It was this great eruption of Vesuvius which overwhelmed the towns of Pompeii and Herculaneum. The illustration facing page 37 shows the interior of one of the houses which have been excavated at Pompeii.

Inter Italiae regiones divitissima et pulcherrima erat ora Campaniae* ; mons autem Vesuvius, sub quo erant urbes florentes Pompeii* et Herculaneum, tam diu quietus fuerat ut nemo iam periculum timeret. Interdum tamen motūs terrae sentiebantur ; tandemque tanta accidit calamitas ut tota ea regio eaeque urbes plane deletae sint. Eo tempore forte C. Plinius*, qui tum duodevicensimum annum agebat, in ea regione apud villam avunculi sui manebat. Is rem litteris ita Tacito amico suo narrat.

' Me rogas ut tibi avunculi mei mortem narrem ; quod cupis libenter suscipio.

' Miseni* eramus ; ibi enim avunculus classi praeerat. Motūs terrae, quos per superiores dies senseramus, eo minus timebamus quod per eam regionem saepe fieri solent.

' Eo die, hora fere septima, nubem vidimus mira magnitudine, quae e monte Vesuvio oriebatur. Haec nubes formā arbori simillima fuit, nam longissimo quasi trunco in caelum sublata in latitudinem [1] diffundebatur. Avunculus, vir doctissimus, hanc rem e proximo videre statuit ; me rogavit ut secum irem, sed ego respondi me studere malle. Navem parari iubet ; domo excedens litteras a vicino quodam accipit, qui imminenti periculo perterritus erat ; nam villa eius sub monte erat, neque ulla erat fuga nisi navibus. Ille Plinium* orabat ut se conservaret ; itaque, mutato consilio, eo properat unde alii fugiunt.

' Iam cinis in naves cadebat, quo propius adibant eo densior et calidior ; mox cadebant quoque crebri lapides igne fracti. Gubernator regredi volebat, sed avunculus " Fortuna " inquit " fortes iuvat. Cursum teneamus ! " Tandem ad villam vectus, amicum trepidantem invĕnit ; hortatus monet ne timeat, atque ut suā constantiā timorem eius deminueret, iussit se in balneum duci. Postea cenavit atque etiam verissimo somno dormivit.

' Area domūs iam cinere lapidibusque tam alte tecta erat ut excedere vix possent ; itaque Plinio excitato consilium capiunt. In litus exire placuit ut navem invenirent ; sed undae adhuc maximae eos navem solvere prohibuerunt, itaque in litore manere coacti sunt.'

[1] *in latitudinem,* horizontally.

58. THE ERUPTION OF VESUVIUS (continued)

' Interea ego et mater Miseni* manseramus. Avunculo profecto, ego reliquum tempus studiis dedi. Post balneum cenavi ; dormire autem conatus motu terrae excitatus sum ; tam gravis erat ut omnia non moveri tantum sed plane everti viderentur. Simul mater, periculum improvisum verita, in cubiculum meum irrupit. Unā egressi, in area constitimus, quae prope mare erat : ecce, amicus quidam avunculi simul e cubiculo vĕnit ; ille, prudens magis quam ignavus, nos salutem petere iubet.

'Primā diei horā, quoniam intra tecta muros cadentes timebamus, oppido excedere statuimus. In itinere multa et mira patimur; nam raedae, quamquam in campo erant, terrae motu huc illuc agebantur. Mare quasi in se referri videbamus; litus processerat ac multi pisces in arena relicti erant. Ab altero latere nubem nigram, ignes luridos aspiciebamus. Tum comes noster " Si frater " inquit " tuus, tuus avunculus vivit, vos tutos esse vult; si periit, vos sibi superesse voluit. Cur igitur effugere non vultis ? " Respondimus nos velle de avunculi salute prius cognoscere : quo audito ille nulla mora fūgit.

'Mox nubes descendit et mare tegit. Tum mater me hortatur ut aliquo modo fugiam : iuvenem enim effugere posse dicit; se, annis et corpore gravem, libenter esse morituram, sed nolle mihi mortis causam esse. Ego respondi me non sine illa discessurum esse ; statim eam invitam manu trahere coepi. Undique audiebantur crebri clamores; alii parentes, alii liberos vocibus quaerebant; hi suum casum, illi suorum dolebant. Multi ad deos manus tollebant; multi vera pericula falsis rumoribus augebant.

'Iam cinis cadebat, sed adhuc erat rarus; mox tamen gravior densiorque fiebat. Ita diutissime manebamus. Tandem dies redditus est ; sol etiam aspici coeptus est, sed luridus, qualis esse solet ubi deficit.[1] Misenum regressi, noctem dubiam spe ac metu egimus : tandem nuntius de avunculi morte eo perlatus est.

'Ille, dum in litore defessus iacet, fumo superatus iterum iterumque aquam postulavit; mox, flammis appropinquantibus, surgere conatus statim cecidit, spiritu (ut mihi videtur) obstructo. Luce tandem reddita (tertio post die) corpus inventum est, integrum ac dormienti similius quam mortuo.'

[1] *sol deficit*, the sun is eclipsed.

59. PLINY AND THE CHRISTIANS (A.D. 111)

The Christians were punished, not because of their religion, but because they refused to take part in the worship of the emperor. This was the main symbol of unity throughout the Empire, and it was naturally regarded as a rigid obligation.

C. Plinius, dum provinciam Bithyniam* administrabat, Traianum* imperatorem per multas epistolas consulebat ; quarum una ad nos maxime pertinet quod multa de Christianis docet.   Haec fere scripsit Plinius :

' Mos est mihi, domine, omnia de quibus dubito ad te referre, ut me cunctantem regas vel ignorantem instruas. Itaque nunc de Christianis ad te scribo, quorum in hac provincia magnus est numerus.   Interim ne mihi ipsi consilium deesse videatur, in eis qui ad me deferebantur hunc sum secutus modum.   " Estisne Christiani ? " rogavi.   Eos qui confessi sunt iterum rogavi, poenas minatus sum ;   omnes qui de sententia non discesserunt, ad supplicium trahi iussi ;   putavi enim constantiam certe eorum dignam esse supplicio.   Fuerunt alii eiusdem opinionis quos, quod cives Romani erant, non ipse in iudicium vocavi sed Romam misi.

' Nuper ad me perlatus est libellus [1] sine auctoris nomine, quo multi accusabantur.   Quibus ad iudicium vocatis, eos dimisi qui in hoc discrimine negabant se aut esse Christianos aut fuisse, et qui facultate data deos appellaverunt ;   nam ei qui sunt re vera Christiani numquam, ut arbitror, hoc facere cogi possunt.

' Haec autem summa vel sceleris eorum vel erroris fuisse videtur, quod soliti erant certo die ante lucem convenire, carmenque Christo quasi deo dicere, et iurare se nulla scelera commissuros esse ;   quibus rebus factis, mos erat eis domum discedere, rursusque congredi ut cibum

---

[1] *libellus*, a written accusation.

communem caperent. Praeterea, quamquam e duabus virginibus, quae ministrae [1] dicebantur, verum per tormenta quaesivi, nihil peius inveni. Itaque te consulere statui ; praesertim quod multi omnis aetatis, omnis ordinis, accusantur apud me et accusabuntur.'

Ad quae ita respondet Traianus :

' Bene fecisti, mi Plini ; non enim eandem rationem in universis servare debes. Te moneo ne eos quaeras. Ei autem qui delati erunt, puniri debent ; sed si quis negaverit se Christianum esse, hac condicione veniam impetret. Nullius autem libelli cuius auctorem ignoras rationem habere debes ; ita enim facere minime nos decet.'

[1] *ministrae*, deaconesses.

60. MARTIAL

Martial, who died about A.D. *104, was a contemporary and friend of Pliny. He was famous for his short poems, or ' epigrams ' ; many of these still retain their point.*

The fact that Martial, like other great Latin writers of the day, was a native of Spain, illustrates how rapidly Western Europe was becoming Romanized.

De poeta Martiale iam audivistis. Primo parvas opes habebat ; amico cuidam ita questus est :

> Semper pauper eris, si pauper es, Aemiliane :
> Dantur opes nullis nunc, nisi divitibus.

Sed ipse felicior fuit ; propter versūs et dives et notus factus est. Itaque multi vel pecuniam vel auxilium ab eo petebant ; quibus ita respondebat :

> Esse nihil dicis, quidquid petis, improbe Cinna.
> Si nil, Cinna, petis, nil tibi, Cinna, nego.

Alii autem, quod epigrammata eius plurimis placebant,
talia ipsi facere cupiebant. Sed alii malos versus scribe-
bant, alii etiam versūs Martialis suos esse fingebant. His
ita scribebat :

> Exigis ut nostros donem tibi, Tucca, libellos.[1]
> Non faciam : nam vis vendere, non legere.

> Ut recitem tibi nostra, rogas, epigrammata : nolo.
> Non audire, Celer, sed recitare cupis.

Malos poetas, contra, talibus versibus damnabat :

> Cur non mitto meos tibi, Pontiliane, libellos [1] ?
> Ne mihi tu mittas, Pontiliane, tuos.

Quod tam acerbe in alios scribebat, multi ei invidebant.
Sed nulla ira permotus eos contemnebat :

> Versiculos [1] in me narratur scribere Cinna.
> Non scribit, cuius carmina nemo legit.

> Scribere me quereris, Velox, epigrammata longa.
> Ipse nihil scribis : tu breviora facis.

Romani universi medicos, quorum plerique erant
Graeci, et contemnebant et ridebant ; sic Martialis :

> Nuper erat medicus, nunc est vispillo [2] Diaulus.
> Quod vispillo facit, fecerat et medicus.

Alias, amico quodam mortuo, qui superiore die ne aeger
quidem fuerat, haec scripsit :

> Tam subitae mortis causam, Bīthȳnice, quaeris ?
> In somno medicum viderat Hermocratem.

---

[1] *libelli* = libri, *versiculi* = versūs. Martial often writes these
diminutive ' forms.

[2] *vispillo*, undertaker. In the next line, translate ' as an undertaker ' and ' as a doctor '.

Nec viris nec feminis parcere volebat, si eos oderat:

> Thais habet nigros, niveos Laecania dentes.
> Quae ratio est ? Emptos haec habet, illa suos.

> Si quando leporem mittis mihi, Gellia, dicis :
> ' Pulcher tu septem, Marce, diebus eris.'
> Si me non rides, si verum, lux mea, dicis,
> Edisti numquam, Gellia, tu leporem.

Nolite tamen existimare Martialem semper acrem et acerbum in versibus fuisse. Amicis suis, quos habebat plurimos, se sapientia et humanitate plenum ostendit : quondam amicum sic monuit :

> Non est (crede mihi) sapientis dicere ' Vivam '.
> Sera nimis vita est crastina : vive hodie.

ENVOI

His versibus, quos Martialis ad finem libri cuiusdam
posuit, hic quoque liber finem habebit.

> Ohe! iam satis est, ohe! libelle :
> Iam pervēnimus usque ad umbilīcos.[1]
> Iam lector queriturque deficitque ;
> Iam librarius [2] hoc et ipse dicit :
> ' Ohe! iam satis est, ohe! libelle.'

[1] the stick round which the book was rolled : it was the end of
the papyrus which was fastened to it.

[2] the book-copier ; for of course all books were written by hand.

SPECIAL VOCABULARIES

In the special vocabularies quantities are marked wherever any doubt could arise. Cardinals 1–10 and personal pronouns are assumed to be known.

I A

annus, -ī, m. *year*
Asia, -ae, f. *Asia*
ĕquus, -ī, m. *horse*
fābŭla, -ae, f. *story*
mūrus, -ī, m. *wall*
poēta, -ae, m. *poet*
Trōia, -ae, f. *Troy*
căvus, -a, -um, *hollow*
Graecus, -a, -um, *Greek.*
  Graecī, *the Greeks*
lignĕus, -a, -um, *wooden*
multus, -a, -um, *much* ;
  (with plu. noun) *many*
Trōiānus, -a, -um, *Trojan*
aedĭfĭco, 1. *I build*
ămo, 1. *I love*
narro, 1. *I tell, relate*
nāvĭgo, 1. *I sail*
nĕco, 1. *I kill, murder*
obsĭdeo, 2. *I besiege*
porto, 1. *I carry*
pŭgno, 1. *I fight*
vĭdeo, 2. *I see*
diu, adv. *for a long time*
ĭtă, adv. *thus*

nōn, *not*
ad, prep. with accusative
  case, *to* ; *at*
extrā, prep. with acc. *outside*
intrā, prep. with acc. *inside*
pŏst, prep. with acc. *after*
et, *and*

I B

ămīcus, -ī, m. *friend*
dĕa, -ae, f. *goddess*
fīlius, -ī, m. *son*
Ĭtălia, -ae, f. *Italy*
Iūlus, -ī, m. *Iulus, son of*
  Aeneas
ōra, -ae, f. *shore*
terra, -ae, f. *land*
parvus, -a, -um, *small, little*
pauci, -ae, -a, *few*
admŏneo, 2. *I advise, warn*
appāreo, 2. *I appear*
conservo, 1. *I save, keep*
erro, 1. *I wander*
ĕst, *is* : sunt, *are*
prŏpĕro, 1. *I hasten, hurry*
sŭpĕro, 1. *I defeat, overcome*

75

tĭmeo, 2. *I fear*
ĭbĭ, adv. *there*
pŏstĕā, adv. *afterwards*
tandem, adv. *at last*
per, prep. with acc. *through ;
  across*
ităque, *and so, therefore*
sed, *but*

2

fēmĭna, -ae, f. *woman*
fīlia, -ae, f. *daughter*
flŭvius, -ī, m. *river*
hasta, -ae, f. *spear*
altus, -a, -um, (1) *high, tall ;*
  (2) *deep*
longus, -a, -um, *long*
tūtus, -a, -um, *safe*
adiŭvo, 1. *I help*
apprŏpinquo, 1. *I approach*
hăbeo, 2. *I have*
regno, 1. *I rule, reign*
tum, adv. *then*
contrā, prep. with acc.
  against
inter, prep. with acc. *among,
  between*
trans, prep. with acc. *across*
quamquam, *although*
ŭbĭ, *when*

3

agrĭcŏla, -ae, m. *farmer*
gĕmĭnus, -i, m. *twin*
iniūria, -ae, f. *injustice, wrong*
pătria, -ae, f. *native land,
  fatherland*

rīpa, -ae, f. *bank*
tyrannus, -i, m. *king, tyrant*
sŭus, -a, -um, *his, her, their*
audio, 4. *I hear*
clāmo, 1. *I shout, cry*
expello, 3. *I drive out*
hăbĭto, 1. *I inhabit*
ignōro, 1. *I do not know*
invĕnio, 4. *I find*
rĕvĕnio, 4. *I come back, return*
adhūc, adv. *still*
iam, adv. *now ; already :* non
  iam, *no longer*
ē or ex, prep. with ablative,
  out of
cum, prep. with abl. *along
  with*
in, prep. with acc. *into ;* with
  abl. *in, on*
quod, *because*

4

dĕus, -i, m. *god*
mortuus, -a, -um, *dead*
sōlus, -a, -um, *alone*
condo, 3. *I establish, found*
inquit, (*he*) *says*
migro, 1. *I depart*
ōro, 1. *I ask, pray to*
rĕspondeo, 2. *I answer*
rīdeo, 2. *I laugh*
cur ? adv. *why ?*
dĕindĕ, adv. *then, next*
mox, adv. *soon*
prīmum, adv. *first*
dē, prep. with abl. *about, concerning*
prŏpĕ, prep. with acc. *near*

5

ămīcĭtia, -ae, f. *friendship*
bellum, -i, n. *war*
campus, -i, m. *plain*
oppĭdum, -i, n. *town*
victōria, -ae, f. *victory*
dīrus, -a, -um, *dreadful, terrible*
magnus, -a, -um, *large, great*
rĕlĭquus, -a, -um, *the rest (of)*
singŭli, -ae, -a, *one each, one at a time*
assentio, 4. *I agree*
consisto, 3. *I halt, stand still*
curro, 3. *I run*
dēspēro, 1. *I give up hope*
do, 1. *I give*
flōreo, 2. *I flourish, prosper*
rŏgo, 1. *I ask, ask for* (with acc. of person, acc. of thing asked for)
specto, 1. *I look on*
quŏque, adv. *also*
sŭbĭtō, adv. *suddenly*
ăpud, prep. with acc. *in the hands of, among*
ŭbĭ, *where*

6

constantıa, -ae, f. *determination, persistence*
dīlĭgentia, -ae, f. *care, thoroughness*
līber, libri, m. *book*
pĕcūnia, -ae, f. *money*

pŏpŭlus, -i, m. *nation, people* (in sense of nation)
prĕtium, -i, n. *price*
săcer, sacra, sacrum, *sacred, holy*
sŭperbus, -a, -um, *proud; haughty*
ultĭmus, -a, -um, *last*
advĕnio, 4. *I arrive, come to*
dīmitto, 3. *I send away*
ĕmo, 3. *I buy*
incendo, 3. *I set on fire, burn*
mŏveo, 2. *I move* (transitive); *I impress, influence*
ĭtĕrum, adv. *again, a second time*
nunc, adv. *now*
saepĕ, adv. *often*
si, *if*

7

āra, -ae, f. *altar*
castra, castrōrum, n. plu. *camp*
clēmentia, -ae, f. *mercy*
cōpiae, copiārum, f. plu. *troops, forces*
dextra, -ae, f. *right hand*
flamma, -ae, f. *flame*
glădius, -i, m. *sword*
praemium, -i, n. *reward*
vĭr, vĭri, m. *man; husband*
līber, libera, liberum, *free*
mĭser, misera, miserum, *unfortunate, wretched*
impōno, 3. *I put in* or *on*
pōno, 3. *I put, place :* castra pono, *I pitch camp*

pŏstŭlo, 1. *I demand, ask for*
sto, 1. *I stand*
vŏco, 1. *I call*
clam, adv. *secretly*
magnŏpĕrĕ, adv. *greatly*
numquam, adv. *never*
stătim, adv. *at once, immediately*
propter, prep. with acc. *because of*
dum, *while, as long as*
nec, neque, *nor* : nec ... nec, *neither ... nor*

8

impĕrium, -i, n. *command, rule*
lăcrĭma, -ae, f. *tear*
lēgātus, -i, m. *ambassador*
sŭperbia, -ae, f. *pride, haughtiness*
praeclārus, -a, -um, *distinguished*
summus, -a, -um, *highest, supreme, chief; utmost*
mĕus, -a, -um, *my, mine*
tuus, -a, -um, *thy, thine*
contemno, 3. *I despise*
dūco, 3. *I lead*
gĕro, 3. *I do, carry on* : bellum gero, *I wage war*
mitto, 3. *I send*
prōcēdo, 3. *I go forth, advance*
frustrā, adv. *in vain*
tămĕn, adv. *however*

9

aedifĭcium, -i, n. *building*

arma, armōrum, n. plu. *weapons, arms*
audācia, -ae, f. *boldness*
incŏla, -ae, m. or f. *inhabitant*
lŏcus, -i, m. *place*
nātūra, -ae, f. *nature*
pĕrīcŭlum, -i, n. *danger*
proelium, -i, n. *battle*
sŏcius, -i, m. *ally*
via, viae, f. *way, road, path*
angustus, -a, -um, *narrow*
cētĕri, -ae, -a, *the rest, the others*
prīmus, -a, -um, *first*
ascendo, 3. *I climb up*
ĕrat, *was* : erant, *were*
excĭto, 1. *I awake, arouse*
occīdo, 3. *I kill*
trĕpĭdo, 1. *I rush about in panic*
vĕnio, 4. *I come*
bĕnĕ, adv. *well*
noctū, adv. *by night*
ōlim, adv. *once, formerly*
nam, conjunction, *for*

10

captīvus, -i, m. *prisoner*
cŏlōnia, -ae, f. *colony, settlement*
insŭla, -ae, f. *island*
Poenus, -i, m. *Carthaginian*
prōmissum, -i, n. *promise*
supplĭcium, -i, n. *punishment*
Pūnĭcus, -a, -um, *Carthaginian*
tōtus, -a, -um, *whole, the whole of*

āmitto, 3. *I lose*
dēsīdĕro, 1. *I long for*
exspecto, 1. *I wait for*
mănĕo, 2. *I remain, stay*
mŏneo, 2. *I advise*
nĕgo, 1. *I deny, refuse*
ĕtiam, adv. *also, even*
autem, adv. *but, however, moreover*

11

cīvĭtās, -tātis, f. *state, community*
consul, consŭlis, m. *consul*
hŏmo, hŏmĭnis, m. *man ; human being*
iūdex, iūdĭcis, m. *judge*
lex, lēgis, f. *law*
mŏdus, -i, m. *way, means ; limit*
mors, mortis, f. *death*
păter, patris, m. *father*
poena, -ae, f. *penalty*
regnum, -i, n. *kingdom, royal power*
rex, rēgis, m. *king*
virtūs, virtūtis, f. *courage ; virtue*
aequus, -a, -um, *equal ; fair*
ălius, adjective, *other*
admĭnistro, 1. *I manage, administer*
crĕo, 1. *I elect*
damno, 1. *I condemn :* mortis damno, *I condemn to death*
praeterĕā, adv. *besides*

prō, prep. with abl. *on behalf of, for*
ut, conjunc. *as*

12

ăger, agri, m. *field :* agri (plu.) *land*
gĕnus, gĕnĕris, n. *kind, sort*
hŏnōs, hŏnōris, m. *distinction :* ius honorum, *right of holding office*
iūs, iūris, n. *right, privilege*
mons, montis, m. *mountain*
tribūnus, -i, m. *tribune*
uxŏr, uxōris, f. *wife :* uxorem duco, *I marry a wife*
cunctus, -a, -um, *all*
inīquus, -a, -um, *unjust*
noster, nostra, nostrum, *our, ours*
publĭcus, -a, -um, *public, belonging to the state*
vester, vestra, vestrum, *your, yours*
dīvĭdo, 3. *I divide*
lăbōro, 1. *I work ; I am in difficulty*
opprĭmo, 3. *I oppress*
nĭsĭ, *unless*
-quĕ, *and*

13

auxĭlium, -i, n. *help*
cīvis, cīvis, m. or f. *citizen*
dictātor, -tōris, m. *dictator*
ĕquĕs, ĕquĭtis, m. *horseman, knight :* (plu.) *cavalry :* magister equitum, ' *Master of the Horse* '

hŏstis, hŏstis, m. *enemy* (usually in plu.)

lăbor, lăbōris, m. *work*

măgister, magistri, m. *master* ; *schoolmaster*

mīlĕs, mīlĭtis, m. *soldier*

sălūs, sălūtis, f. *safety* ; *welfare*

sĕnĕx, sĕnis, m. *old man*

urbs, urbis, f. *city*

nullus, -a, -um, *no* (adj.)

dēpōno, dēpōnĕre, dēpŏsui, dēpŏsitum, 3. *I put down, lay down*

dissentio, 4. *I disagree*

laudo, 1. *I praise*

rĕdūco, rĕdūcĕre, rĕduxi, rĕductum, 3. *I lead back*

sūmo, sūmĕre, sumpsi, sumptum, 3. *I take up*

aut, *or* : aut . . . aut, *either . . . or*

ĕnim, conjunc. *for*

pŏstquam, *when, after*

_____

gĕro, gĕrĕre, gessi, gestum, 3. *I do, carry on*

mitto, mittĕre, mīsi, missum, 3. *I send* (similarly amitto, *I lose*)

vĕnio, vĕnīre, vēni, ventum, 4. *I come* (similarly advenio, invenio, revenio)

vĭdeo, vĭdēre, vīdi, vīsum, 2. *I see*

14

cĭbus, cĭbi, m. *food*

consĭlium, -i, n. *plan* ; *advice*

diffĭcultās, -tātis, f. *difficulty*

dux, dŭcis, m. *leader, general*

nōmen, nōmĭnis, n. *name*

sĕnātor, -tōris, m. *senator*

iustus, -a, -um, *just* : iustum proelium, *a pitched battle*

nŏvus, -a, -um, *new*

ăgo, ăgĕre, ēgi, actum, 3. (1) *I drive* ; (2) *I do, perform* : grātias ago, *I give thanks*

confīrmo, 1. *I strengthen, establish*

rĕporto, 1. *I bring back* : victōriam reporto, *I win a victory*

vīto, 1. *I avoid*

praeter, prep. with acc. *except* : praeter oram, *along the coast*

_____

do, dăre, dĕdi, dătum, 1. *I give*

dūco, dūcĕre, duxi, ductum, 3. *I lead*

15

auctōritās, -tātis, f. *influence, authority*

concĭlium, -i, n. *council, assembly*

nŭmĕrus, -i, m. *number*

pax, pācis, f. *peace* : de pace ago, *I discuss terms of peace*

prūdentia, -ae, f. *discretion, prudence*

tantus, -a, -um, *so great, so large*

cresco, 3. *I grow*

dēbeo, 2. *I owe* (with obj.) :
I ought (with infin.)

discēdo, discēdĕre, discessi, discessum, 3. *I depart, go away*

dŭbĭto, 1. *I hesitate* (with infin.)

iŭbeo, iŭbēre, iussi, iussum, 2. *I order* (acc. of person, infin. of action)

pāreo, 2. *I obey* (with dat.)

possum, posse, pŏtui, *I can, am able* (with infin.)

sŏleo, sŏlēre, 2. *I am accustomed* (with infin.)

fortĕ, adv. *by chance, as it happens*

circum, prep. with acc. *round*

priusquam, conjunc. *before*

---

rĕspondeo, respondēre, respondi, responsum, 2. *I answer*

16

ăqua, aquae, f. *water*

inŏpia, -ae, f. *lack, shortage*

mensis, mensis, m. *month*

mōs, mōris, m. *custom, habit* : plu. *habits, character*

pŏtestās, -tātis, f. *power*

sĕvēritās, -tātis, f. *strictness*

imprŏbus, -a, -um, *wicked*

sĕvērus, -a, -um, *strict, stern*

sĕvērē, adv. *strictly*

cūro, 1. *I attend to, take care of*

obstrŭo, obstruĕre, obstruxi, obstructum, 3. *I block up*

trăho, trahĕre, traxi, tractum, 3. *I draw, drag* : aquam traho, *I draw water*

vĕto, vĕtāre, vĕtui, vĕtĭtum, 1. *I forbid* (usu. with acc. of person and infin. of action)

antĕa, adv. *before, previously*

dē, prep. w. abl. *down from*

dēnĭquĕ, adv. *lastly*

sub, prep. with abl. *under* ; with acc. *up to, towards*

17

causa, -ae, f. *cause, reason* . causam ago, *I champion the cause*

dissensio, -ōnis, f. *strife, quarrel*

frāter, frātris, m. *brother*

gens, gentis, f. *race, descent* ; (at Rome) *clan*

grăvis, -ĕ, *heavy* ; *serious* ; *burdensome*

īrātus, -a, -um, *angry*

nōnnulli, -ae, -a, *a good many*

pauper (gen. pauperis), adj. *poor*

tālis, -ĕ, *of that sort, such*

vĕtus (gen. vĕtĕris), adj. *old*

cēdo, cēdĕre, cessi, cessum, 3. *I yield* (with dat.)

7

constituo, constituĕre, constitui, constitūtum, 3. *I establish*; (with infin.) *I resolve*

dēfendo, dēfendĕre, dēfendi, dēfensum, 3. *I defend*

dēsĭno, 3. *I leave off, cease* (with infin.)

dīco, dīcĕre, dixi, dictum, 3. *I say*

tăceo, 2. *I keep silent*

prīmō, adv. *at first*

et . . . et, *both* . . . *and*

quŏtiens, *whenever*

ĕum, ĕam, *him, her*; ĕōs, ĕās, *them*

---

occīdo, occīdĕre, occīdi, occīsum, 3. *I kill*

18

clāmor, clāmōris, m. *shout, noise*

dīvĭtiae, -ārum, f. *wealth*

iussum, -i, n. *order*

mărĕ, măris, n. *sea*

praeda, -ae, f. *plunder*

prōvincia, -ae, f. *province*

servus, -i, m. *slave*

templum, -i, n. *temple*

dīversus, -a, -um, *different*

făcĭlis, -ĕ, *easy*

pulcher, pulchra, pulchrum, *beautiful*

absum, abesse, āfui, *I am away, am absent*

irrumpo, irrumpĕre, irrūpi, irruptum, 3. *I burst in, rush in*

oppugno, 1. *I attack*

prŏcŭl, adv. *far off*

sĭnĕ, prep. with abl. *without*

quăsĭ, *as if, like*

sĭmŭlăc, *as soon as*

19

ănĭmus, -i, m. *mind, courage*

ăvārĭtia, -ae, f. *avarice*

crūdēlitas, -tātis, f. *cruelty*

ēlŏquentia, -ae, f. *eloquence*

ĕpistŏla, -ae, f. *letter*

fortĭtūdo, -tūdĭnis, f. *courage*

impĕrātor, -tōris, m. *commander, governor*

ōrātor, -tōris, m. *orator*

vīs (acc. **vim**, abl. **vī**), f. *force, violence*; plu. **vīres**, *strength*: **vi et armis**, *by armed force*

vīta, -ae, f. *life*

barbărus, -a, -um, *barbarian, uncivilized*

fĭdēlis, -ĕ, *faithful*

nōbĭlis, -ĕ, *well-known; noble*

omnis, -ĕ, *all*

accĭpio, accĭpĕre, accēpi, acceptum, 3. *I receive*

făcio, făcĕre, fēci, factum, 3. *I make; do*

hăbeo, 2. *I consider, regard*

impĕro, 1. (1) *I order* (dat. of person); (2) *I rule*

plăceo, 2. *I please* (with dat.)

rĕlinquo, rĕlinquĕre, rĕ-
līqui, rĕlictum, 3. *I leave*
sĭno, sĭnĕre, sīvi, sĭtum,
3. *I allow* (with infin.)
fĕrē, adv. *almost, roughly*
praesertim, adv. *especially*
sōlum, adv. *only*
ā, ab, prep. with abl. (1)
from ; (2) *by*
nĭhĭl, *nothing*

20

ĭter, ĭtĭnĕris, n. *journey, march*
mĕmŏria, -ae, f. *memory*
tempus, tempŏris, n. *time*
tĭmor, tĭmōris, m. *fear*
ventus, -i, m. *wind*
verbum, -i, n. *word*
saevus, -a, -um, *savage,*
fierce
cōgo, cōgĕre, cŏēgi, cŏac-
tum, 3. (1) *I collect* ; (2) *I*
compel (with acc. of person,
infin. of action)
fŭgio, fŭgĕre, fūgi, fŭgĭ-
tum, 3. *I run away, flee*
scrībo, scrībĕre, scripsi,
scriptum, 3. *I write*
văleo, 2. *I am well* ; *I am*
strong. imperat. vălē, -tĕ,
farewell
cĕlĕrĭter, adv. *quickly*
dīlĭgenter, adv. *carefully*
quam, adv. *how* (in question
or exclamation)
cum, *when*
quŏniam, *because, since*

LIST OF PRINCIPAL PARTS NOT
PREVIOUSLY GIVEN

adiŭvo, adiŭvāre, adiŭvi,
adiūtum, 1. *I help*
assentio, assentīre, as-
sensi, assensum, 4. *I*
agree. So dissentio, *I dis-*
agree
contemno, contemnĕre,
contempsi, contemptum,
3. *I despise*
cresco, crescĕre, crēvi,
crētum, 3. *I grow*
dīvĭdo, dīvĭdĕre, dīvīsi,
dīvīsum, 3. *I divide*
măneo, mănēre, mansi,
mansum, 2. *I remain*
mŏveo, mŏvēre, mōvi,
mōtum, 2. *I move* (trans.)
obsĭdeo, obsĭdēre, obsēdi,
obsessum, 2. *I besiege*
opprĭmo, opprimĕre, op-
pressi, oppressum, 3. *I*
oppress
rīdeo, rīdēre, rīsi, rīsum,
2. *I laugh*
sto, stāre, stĕtĭ, stătum,
1. *I stand*

21

ars, artis, f. *skill, accomplish-*
ment
dŏmus, domūs, f. *house,*
home : loc. domi, *at home*
fĭdēs, fĭdĕi, f. *faith, loyalty*

lingua, -ae, f. *tongue* ; *language*

lūdus, -i, m. (1) *school* ; (2) *game*

măgistrātus, -ūs, m. *magistrate*

māter, mātris, f. *mother*

părens, părentis, m. or f. *parent*

pŭer, pŭĕri, m. *boy*

rēs, rĕi, f. *thing, affair*

rēs publĭca, *the commonwealth, state*

ūsus, ūsūs, m. *use*

bŏnus, -a, -um, *good*

priscus, -a, -um, *former, old-fashioned*

prūdens, (gen. prūdentis), adj. *prudent, wise*

disco, discĕre, dĭdĭci, 3. *I learn*

dŏceo, dŏcēre, dŏcui, doctum, 2. *I teach* (can have two objects)

ēdŭco, 1. *I educate, bring up*

năto, 1. *I swim*

pūnio, 4. *I punish*

rĕgo, rĕgĕre, rexi, rectum, 3. *I rule*

ălĭquando, adv. *sometimes* ; *at some time*

semper, adv. *always*

22

diēs, diēi, m. *day*

nĕcessĕ, indecl. adj. *necessary*

pŏstĕrus, -a, -um, *next*

căpio, căpĕre, cēpi, captum, 3. *I take* : consilium capio, *I adopt a plan*

convĕnio, convĕnīre, convēni, conventum, 4. *I assemble*

prōsum, prōdesse, prōfui, *I benefit, help* (with dat.)

crās, adv. *to-morrow*

intĕrĕā, adv. *meanwhile*

tam, before adj. or adv. *so*

23

adŏlescens, -entis, m. *young man*

aestās, -tātis, f. *summer*

căpŭt, căpĭtis, n. *head*

discĭpŭlus, -i, m. *pupil*

lux, lūcis, f. *light, daylight*

mănus, -ūs, f. *hand*

ŏnus, ŏnĕris, n. *load, burden*

somnus, -i, m. *sleep*

vox, vōcis, f. *voice*

dīvĕs, (gen. dīvĭtis), adj. *rich*

lĕvis, -ĕ, *light* ; *trifling*

reddo, reddĕre, reddĭdi, reddĭtum, 3. *I give back* ; *deliver*

stŭdeo, 2. *I study* ; *am keen on* (with dat.)

sătis, adv. *enough*

sīcut, *just as*

is, ĕă, id, demonstr. pron. and adj. *he, she, it, they* ; *that, those*

24

ŏcŭlus, -i, m. *eye*

pars, partis, f. *part*

dignus, -a, -um, *worthy*; (with abl.) *worthy of*

dīlĭgens, (gen. -entis) adj. *careful*

nōtus, -a, -um, *famous, well-known*

părātus, -a, -um, *ready* (with infin.)

săpiens, (gen. -entis) adj. *wise*

adsum, adesse, adfui, *I am present, am at* (with dat.)

impendo, impendĕre, impendi, impensum, 3. *I spend*

inquam, defect. vb. *I say*

pĕto, pĕtĕre, pĕtīvi, pĕtītum, 3. *I seek, ask for*

prōmitto, prōmittĕre, prōmīsi, prōmissum, 3. *I promise*

fortassĕ, adv. *perhaps*

hīc, adv. *here*

-nĕ, indicates a question

25

fĕnestra, -ae, f. *window*

glōria, -ae, f. *glory*

īra, -ae, f. *anger*

iŭvĕnis, iŭvĕnis, m. *young man*

offĭcium, -i, n. *duty*

pugna, -ae, f. *battle*

stŭdium, -i, n. (1) *study*; (2) *keenness, enthusiasm*

alter, altĕra, altĕrum, *the other (of two)*

fortis, -ĕ, *brave*

quantus, -a, -um, *how great*; tantus . . . quantus, *as great as*

cŭpio, cŭpĕre, cŭpīvi, cŭpītum, 3. *I desire* (with infin.)

iăcĭo, iăcĕre, iēci, iactum, 3. *I throw*

instituo, instituĕre, institui, institūtum, 3. *I establish*; (with infin.) *I resolve*

lūdo, lūdĕre, lūsi, lūsum, 3. *I play*

sĭleo, 2. *I keep silent*

simulo, 1. *I pretend, feign*

pŏst, adv. *later*

26

dŏlor, dŏlōris, m. *grief*

error, errōris, m. *mistake*

săpientia, -ae, f. *wisdom, philosophy*

sermo, sermōnis, m. *talk, conversation*

brĕvis, -ĕ, *short*

grātus, -a, -um, *pleasing, welcome*

afĭicio, affĭcĕre, affēci, affectum, 3. *I influence*: dolore te afficio, *I fill you with grief*

dēlecto, 1. *I please, delight*

ignosco, ignoscĕre, ignōvi, ignōtum, 3. *I forgive* (with dat.)

iŭvo, iŭvāre, iūvi, iūtum,
 1. (1) *I please* ; (2) *I help*
sălūto, 1. *I greet*
spēro, 1. *I hope, hope for*

27

hortus, -i, m. *garden*
princeps, prinзĭpis, m. *chief
 man* ; (at Rome) *Emperor*
sěnātus, -ūs, m. *senate*
cārus, -a, -um, *dear*
doctus, -a, -um, *learned*
insignis, -ě, *distinguished*
ullus, -a, -um, *any*
accēdo, accēdĕre, accessi,
 accessum, 3. *I approach*
cēlo, 1. *I conceal, hide* (trans.)
lěgo, lěgěre, lēgi, lectum,
 3. *I read*
păro, 1. (1) *I prepare* ; (2) *I
 obtain*
sědeo, sědēre, sēdi, ses-
 sum, 2. *I am sitting*
vĭdeor (pass. of video), *I
 seem*
quondam, adv. *once*
umquam, adv. *ever*
ac, atquě, *and moreover*

28

adventus, -ūs, m. *arrival*
flūmen, flūmĭnis, n. *river*
histŏria, -ae, f. *story*
lītus, lītŏris, n. *shore*
tergum, -i, n. *back*
unda, -ae, f. *wave*
audax, (gen. audācis), adj.
 daring

neuter, neutra, neutrum,
 neither
vērus, -a, -um, *true*
coniungo, coniungěre,
 coniunxi, coniunctum, 3.
 I join
prŏpě, adv. *nearly*

29

līběri, -ōrum, m. plu.
 children
occāsio, -ōnis, f. *opportunity*
ōrātio, -ōnis, f. *speech*
porta, -ae, f. *gate*
prěcēs, -um, f. plu. *prayers*
sēdĭtio, -ōnis, f. *mutiny*
silva, -ae, f. *wood, forest*
tŭmultus, -ūs, m. *disturbance*
věnia, -ae, f. *pardon*
turpis, -ě, *base, cowardly*
effĭcio, effĭcěre, effēci,
 effectum, 3. *I achieve*
impědio, 4. *I hinder*
rětĭneo, retinēre, retĭnui,
 retentum, 2. *I retain*
nōnně ? *not* (in question)
undĭquě, adv. *from all round*

30

ăper, apri, m. *boar*
dēděcus, dēděcŏris, n. *disgrace*
factum, -i, n. *deed*
hōra, -ae, f. *hour*
mātěriēs, -ēi, f. *material* ;
 subject for composition
nox, noctis, f. *night*

ācer, ācris, ācrĕ, *eager*
dulcis, -ĕ, *sweet, pleasant*
dēfessus, -a, -um, *tired*
ascendo, ascendĕre, ascendi, ascensum, 3. *I climb up*
curro, currĕre, cŭcurri, cursum, 3. *I run*
dormio, 4. *I sleep*
excēdo, excēdĕre, excessi, excessum, 3. *I go out*
nē . . . quĭdem, *not even*
quam (after comparatives), *than*

31

classis, classis, f. *fleet*
cŏmĕs, cŏmĭtis, m. or f. *companion*
lībertās, -tātis, f. *freedom*
nāvis, nāvis, f. *ship*
clārus, -a, -um, *famous*
ēgrĕgius, -a, -um, *outstanding*
ĭdōneus, -a, -um, *suitable*
prŏpinquus, -a, -um, *near, neighbouring*
cōnor, cōnāri, cōnātus sum, 1. dep. *I try* (with infin.)
īrascor, irasci, īrātus sum, 3. dep. *I grow angry* (with dat.)
mĭnor, mĭnāri, mĭnātus sum, 1. dep. *I threaten* (with dat. of person and acc. of penalty)
orno, 1. *I adorn* ; *equip*

praesto, praestāre, praestĭti, praestĭtum, 1. *I show*
pŭto, 1. *I think*
rĕcipio, rĕcipĕre, rĕcēpi, rĕceptum, 3. *I take back, get back* : me recipio, *I withdraw, retreat*
solvo, solvĕre, solvi, sŏlūtum, 3. (1) *I loosen* ; (2) *I pay*
cottīdiē, adv. *daily, every day*
dum, *until*
hic, haec, hōc, demonstr. pron. and adj. *this* ; *the latter*
illĕ, illa, illud, demonstr. pron. and adj. *that* ; *the former*

32

collis, collis, m. *hill*
fŭga, -ae, f. *flight*
nauta, -ae, m. *sailor*
obsĕs, obsidis, c. *hostage*
cĕler, cĕlĕris, cĕlĕrĕ, *quick*
vălidus, -a, -um, *strong*
adiungo, adiungĕre, adiunxi, adiunctum, 3. *I join* (trans.), *attach*
cădo, cădĕre, cĕcĭdi, cāsum, 3. *I fall*
confĭcio, confĭcĕre, confēci, confectum, 3. *I complete*
coniūro, 1. *I conspire*
dēfĭcio, dēfĭcĕre, dēfēci, dēfectum, 3. *I fail* (trans.), *am lacking to*

expello, expellĕre, expŭli, expulsum, 3. *I drive out*

sĕquor, sequi, sĕcūtus sum, 3. dep. *I follow, pursue*

tĕneo, tĕnēre, tĕnui, tentum, 2. *I hold*

ūtor, ūti, ūsūs sum, 3. dep. *I use* (with abl.)

vinco,vincĕre, vīci, victum, 3. *I defeat*

33

exercĭtus, -ūs, m. *army*

fīnis, fīnis, m. *end, limit*; plu. *boundaries*; *territory*

lĕgio, legiōnis, f. *legion* (*regiment*)

magnitūdo, -tūdĭnis, f. *size*; *great size*

fīnĭtĭmus, -a, -um, *bordering, neighbouring*

mĕdius, -a, -um, *middle*: media insula (adj. first), *the middle of the island*

conscendo, conscendĕre, conscendi, conscensum, 3. *I climb*: in nāvem conscendo, *I embark*

consisto, consistĕre, constĭti, 3. *I halt, come to rest*

cunctor, cunctāri, cunctātus sum, 1. dep. *I hesitate, delay*

expōno, expōnĕre, expŏsui, expŏsĭtum, 3. *I set forth, arrange, draw up*

prŏfīciscor, prŏfĭcisci, prŏfectus sum, 3. dep. *I start out, set out*

rĕgrĕdior, rĕgrĕdi, regressus sum, 3. dep. *I return, go back*

rĕmitto, remittere, remīsi, remissum, 3. *I send back*

solvo navem, *I set sail, weigh anchor*

trādo, trādĕre, trādĭdi, trādĭtum, 3. *I hand over, surrender*; *hand down*

verto, vertĕre, verti, versum, 3. *I turn* (trans.)

certē, adv. *at least, at any rate*

hūc, adv. *hither*

indĕ, adv. *thence*

qui, quae, quod, relative pron. *who, which*

34

caedēs, caedis, f. *slaughter*

hīberna, -ōrum, n. plu. *winter quarters*

hiems, hiĕmis, f. *winter*

ŏpus, ŏpĕris, n. *task, work*

triumphus, -i, m. *triumphal procession*

crūdēlis, -ĕ, *cruel*

mīrus, -a, -um, *strange, wonderful*

aggrĕdior, aggrĕdi, aggressus sum, 3. dep. *I attack* (trans.)

congrĕdior, congrĕdi, congressus sum, 3. dep. *I meet* (intrans.)

ēgrĕdior, ēgrĕdi, ēgressus sum, 3. dep. *I go out*

ēdūco, ēdūcĕre, ēduxi, ēductum, 3. *I lead out*

incendo, incendĕre, incendi, incensum, 3. *I set on fire*

mūnio, 4. *I fortify*

35

fortūna, -ae, f. *fortune, destiny*

inĭmīcus, -i, m. *opponent, enemy*

vĭtium, -i, n. *fault*

perpĕtuus, -a, -um, *unbroken, continuous*

plērīquĕ, plēraequĕ, plērăquĕ, *most, the majority of*

abhorreo, 2. *I shrink from*

cognosco, cognoscĕre, cognōvi, cognĭtum, 3. *I get to know, find out*

compōno, compōnĕre, compŏsui, compŏsĭtum, 3. *I settle, arrange*

lŏquor, loqui, lŏcūtus sum, 3. dep. *I speak*

neglĕgo, neglĕgĕre, neglexi, neglectum, 3. *I neglect, overlook*

ŏrior, ŏrīri, ortus sum, 4. dep. *I rise ; arise*

perterreo, 2. *I frighten*

praebeo, 2. *I provide, offer, display*

praefĭcio, praefĭcĕre, praefēci, praefectum, 3. *I put in command of* (with acc. of person, dat. of what he commands.)

prōdūco, prōdūcĕre, prōduxi, prōductum, 3. *I prolong*

sŭpersum, superesse, superfui, *I survive, outlive* (with dat.)

pĕnĕs, prep. with acc. *in the hands of, in the power of*

ipsĕ, ipsa, ipsum, emphatic pron. *self*

quis ? quid ? interrog. pron. *who ? what ?*

36

coniūrātio, -iōnis, f. *conspiracy*

stătua, -ae, f. *statue*

turba, -ae, f. *crowd, throng*

densus, -a, -um, *thick, dense*

solitus, -a, -um, *usual*

ăpĕrio, ăpĕrīre, aperui, apertum, 4. *I open ; reveal*

circumvĕnio, -vĕnīre, -vēni, -ventum, 4. *I surround*

consŭlo, consŭlĕre, consŭlui, consultum, 3. *I take thought for* (with dat.)

ingrĕdior, ingrĕdi, ingressus sum, 3. dep. *I go in, enter*

interfĭcio, interfĭcĕre, interfēci, interfectum, 3. *I kill*

mŏrior, mŏri, mortuus sum, 3. dep. *I die*

nōmino, 1. *I appoint, name*
rĕsisto, resistĕre, restiti,
3. *I resist* (with dat.)
succurro, succurrĕre, suc-
curri, succursum, 3. *I*
come to the help of (with dat).
ante, adv. and prep. with
acc. *before*

37

corpus, corpŏris, n. *body*
fax, făcis, f. *torch, firebrand*
fŏrum, -i, n. *market-place*
fūnus, fūnĕris, n. *funeral*
grātia, -ae, f. *favour, popu-*
larity; plu. *thanks*
hērēs, hērēdis, m. or f. *heir*
ōtium, -i, n. *leisure*; *peace*
(from civil war)
laetus, -a, -um, *glad, joyful*
lātus, -a, -um, *broad, wide*
praedĭtus, -a, -um, *endowed*
quālis, -ĕ, *of what sort:*
talis . . . qualis, *such . . .*
as
quŏt, indeclinable adj. *how*
many
tŏt, indeclinable adj. *so many*:
tot . . . quot, *as many . . . as*
audeo, audēre, ausus sum,
2. semi-dep. *I dare* (with
infin.)
committo, committĕre,
commīsi, commissum, 3.
I entrust; proelium com-
mitto, *I join battle*
effŭgio, effŭgĕre, effŭgi,
effŭgitum, 3. *I escape*

rĕstituo, restituĕre, resti-
tui, restitūtum, 3. *I restore*
ūnā, adv. *together*
vix, adv. *scarcely*
nēmo, *nobody*

38

ămor, amoris, m. *love*
dŏlus, -i, m. *trick, stratagem*
ingĕnium, -i, n. *ability, in-*
tellect
ŏdium, -i, n. *hatred*
pulchritūdo, -tūdĭnis, f.
beauty
signum, -i, n. *signal*; (in
army) *standard*
vincŭlum, -i, n. *chain, bond*
dŭbius, -a, -um, *doubtful*
strēnuus, -a, -um, *energetic*
cōnicio, conicĕre, coniēci,
coniectum, 3. *I throw*
corrumpo, corrumpĕre,
corrūpi, corruptum, 3.
I spoil, corrupt, waste
făveo, făvēre, făvi, fautum,
2. *I support, back up* (with
dat.)
suādeo, suādēre, suāsi,
suāsum, 2. *I urge, persuade*
(with dat. of person.)
ĭgĭtur, adv. *therefore*

39

carmen, carmĭnis, n. *song,*
poem
cūra, -ae, f. *care*
custōs, custōdis, m. *guard,*
guardian
exemplum, -i, n. *example*

fŭror, furōris, m. *madness*
cīvīlis, -ĕ, *of citizens, civil*
adicio, adĭcĕre, adiēci,
adiectum, 3. (1) *I add*;
(2) *I throw up*
cŏlo, cŏlĕre, cŏlui, cultum,
3. (1) *I cultivate*; (2) *I worship*
exĭgo, exigĕre, exēgi,
exactum, 3. *I drive out*
nōlo, nōlle, nōlui, irreg. *I
am unwilling* (with infin.)
pāco, 1. *I subdue, pacify*
prōficio, prōfĭcĕre, prōfēci,
prōfectum, 3. *I do good*
sustĭneo, sustinēre, sus-
tĭnui, sustentum, 2. *I uphold, support*
vŏlo, velle, vŏlui, irreg. *I
wish, am willing* (with infin.)
mŏdŏ, adv. *only*

40

litterae, -ārum, f. *a letter*;
letters (i.e. *literature*)
scūtum, -i, n. *shield*
dĭffĭcĭlis, -ĕ, *difficult*
hŏnestus, -a, -um, *honourable, respectable*
abicio, abĭcĕre, abiēci,
abiectum, 3. *I throw away*
intersum, interesse, inter-
fŭi, *I take part in* (with
dat.)
mālo, malle, mālui, irreg.
I prefer (often with infin.)
rĕvŏco, 1. *I recall*

suscĭpio, suscĭpĕre, sus-
cēpi, susceptum, 3. *I
undertake*
vīvo, vīvĕre, vixi, victum,
3. *I live*
nūper, adv. *lately*
īdem, ĕădem, ĭdem, pron.
and adj. *the same*

41

laus, laudis, f. *praise*
plebs, plēbis, f. *the plebs*;
the common people
saxum, -i, n. *rock*
spēs, spĕi, f. *hope*
ăcerbus, -a, -um, *bitter,
harsh*
fēlix, (gen. fēlīcis) adj. *fortu-
nate, prosperous*
inānis, -ĕ, *empty, unsubstantial*
urbānus, -a, -um, *of the
city*; *city-like, refined*
augeo, augēre, auxi, auc-
tum, 2. *I increase* (trans.)
comprehendo, -endere,
-endi, -ensum, 3. (1) *I
seize*; (2) *I grasp, understand*
confĕro, conferre, contŭli,
collātum, irreg. *I bring
together, collect*; me confero, *I betake myself*
dēlābor, dēlābī, dēlapsus
sum, 3. dep. *I fall, collapse*
exĕo, exīre, exĭi, exĭtum,
irreg. *I go out*
fĕro, ferre, tŭli, lātum,
irreg. *I carry*; *endure*

inĕo, inīre, inĭi, inĭtum, irreg. *I go in, enter*: gratiam ineo, *I gain favour*

ōdī, ōdisse, defect. *I hate*

pĕrĕo, perīre, perĭi, perĭtum, irreg. *I die*

succēdo, -cēdĕre, -cessi, -cessum, 3. *I take the place of, succeed to* (with dat.)

quīdam, quaedam, quoddam, indef. pron. and adj. *someone, a certain*

quisquis, quidquid, rel. pron. *whoever, whatever*

42

forma, -ae, f. *shape ; beauty*

grăvĭtās, -tātis, f. *weight ; personal dignity*

laetĭtia, -ae, f. *joy*

mens, mentis, f. *mind*

morbus, -i, m. *disease*

vŏluptās, -tātis, f. *pleasure*

aptus, -a, -um, *suited*

compleo, -plēre, -plēvi, -plētum, 2. *I fill*

convĕnit, impers. verb. *it suits, befits*

dŏleo, 2. *I grieve*

monstro, 1. *I show*

rĕdĕo, redīre, redĭi, redĭtum, irreg. *I go back, return*

paenĕ, adv. *almost*

rursus, adv. *again*

43

ăciēs, aciēi, f. *battle-line*

discĭplīna, -ae, f. *discipline*

impĕtus, -ūs, m. *charge, attack*

mercātŏr, -tōris, m. *trader*

ordo, ordĭnis, m. *line, rank ; order*

rēgīna, -ae, f. *queen*

incrēdĭbĭlis, -ĕ, *unbelievable*

infĕrior, -ius, *lower* ; *inferior*

addūco, -dūcĕre, -duxi, -ductum, 3. *I lead to* ; *induce*

condo, condĕre, condĭdi, condĭtum, 3. *I establish*

dēleo, dēlēre, dēlēvi, dēlētum, 2. *I destroy*

fio, fiĕri, factus sum, irreg. *I become*

instrŭo, instrŭĕre, instruxi, instructum, 3. *I arrange*

rĕdĭgo, redigĕre, redēgi, redactum, 3. *I reduce*

transĕo, -īre, -ĭi, -ĭtum, irreg. *I go across* (trans.)

tantum, adv. *only*

usquĕ, adv. *all the way, right through*

44

ŏpĕra, -ae, f. *work*

ignāvus, -a, -um, *lazy, cowardly*

mīlĭtāris, -ĕ, *military* : res militaris, *warfare*

pĕrītus, -a, -um, *skilled* (with gen.)

prŏxĭmus, -a, -um, superl. adj. *nearest* ; (of time) *previous, last*

pervĕnio, -vĕnīre, -vēni,
-ventum, 4. *I arrive*
tollo, tollĕre, sustŭli, sub-
lātum, 3. (1) *I raise* ; (2) *I
remove, destroy*
hŏdiē, adv. *to-day*
quandō ? adv. *when ?*
quisquĕ, quaequĕ, quid-
quĕ, pron. *each, every*

45

auxĭlia, -ōrum, n. plu.
auxiliary troops
cŏhors, cŏhortis, f. *cohort*
cōpia, -ae, f. *supply* ; *abundance*
gŭbernātor, -tōris, m.
steersman
rĕgiō, rĕgiōnis, f. *district*
sors, sortis, f. *lot, chance*
tempestās, -tātis, f. (1)
weather ; (2) *storm*
certus, -a, -um, *sure* :
certiōrem facio, *I inform*
complūres, complūra,
several, a good many
ignōtus, -a, -um, *unknown*
aspĭcio, aspĭcĕre, aspexi,
aspectum, 3. *I look at, face*
conscrībo, conscrībĕre,
-scripsi, -scriptum, 3.
I enrol, enlist
dēlĭgo, -lĭgĕre, -lēgi, -lec-
tum, 3. *I choose*
ĕdo, ĕdĕre, ēdi, ēsum, 3. *I
eat*
ĕmo, ĕmĕre, ēmi, emptum,
3. *I buy*

iăceo, 2. *I lie*
rĕpello, repellĕre, reppŭli,
repulsum, 3. *I drive back,
repulse*
vĕho, vĕhĕre, vexi, vectum,
3. *I convey* : vehor, *I ride,
sail*
ĕō, adv. *thither*
mŏdŏ . . . mŏdŏ, *at one time
. . . at another*
ultrā, prep. with acc. *beyond*

46

fossa, -ae, f. *trench, ditch*
lăpis, lăpĭdis, m. *stone*
mūnĭcĭpium, -i, n. *borough*
vallum, -i, n. *rampart*
hŭmĭlis, -ĕ, *low* ; *lowly*
mălus, -a, -um, *bad*
cingo, cingĕre, cinxi, cinctum, 3. *I surround*
contĭneo, -tinēre, -tinui,
-tentum, 2. *I confine*
nascor, nasci, nātus sum,
3. dep. *I am born*
abhinc, adv. *ago*
immŏ, adv. *on the contrary*
quĭdem, adv. *indeed*
ŭbīquĕ, adv. *everywhere*

47

auctor, -tōris, m. *author,
person responsible*
cănis, cănis, m. or f. *dog*
incendium, -i, n. *fire, conflagration*
rūmor, rūmōris, m. *rumour*
scĕlus, scĕlĕris, n. *crime*

atrox, (gen. atrōcis) adj.
horrible, abominable
ingens, (gen. ingentis) adj.
huge
vărius, -a, -um, *different*
vīvus, -a, -um, *living*
accūso, 1. *I accuse*
căno, canĕre, cĕcĭni, cantum, 3. *I sing*
crēdo, crēdĕre, crēdĭdi,
crēdĭtum, 3. *I believe* (with
dat. of person.)
dēsĕro, dēsĕrĕre, dēsĕrŭi,
dēsertum, 3. *I abandon*
fingo, fingĕre, finxi, fictum, 3. *I invent, fashion*
iūro, 1. *I swear*
pătior, pătī, passus sum,
3. dep. *I suffer* ; *allow*
nōndum, adv. *not yet*

48
nĕgōtium, -i, n. *business* ;
affair
pēs, pĕdis, m. *foot*
stīpendium, -i, n. *soldier's
pay* ; *a year's service*
aeger, aegra, aegrum, *sick,
ill*
intĕrior, -ius, *inner*
prīvātus, -a, -um, *private,
individual* : adv. privatim
splendidus, -a, -um, *splendid*
sŭpĕrior, -ius, *upper* ; (of
time) *previous*
conspicio, -spĭcĕre, -spexi,
-spectum, 3. *I see, observe*

dēsum, dēĕsse, dēfui, *I am
lacking* (with dat. of person)
ĕo, īre, īvi, ĭtum, irreg. *I go*
mĕreo, 2. *I earn* : **stipendium mereo**, *I do a year's
service*
quaero, quaerĕre, quae-
sīvi, quaesītum, 3. *I seek* ;
I gain
causā, after a genitive, *for
the sake of*

49
caelum, -i, n. *sky, heaven*
crux, crŭcis, f. *cross*
gălĕa, -ae, f. *helmet*
mŏra, -ae, f. *delay*
victor, -tōris, m. *conqueror*
dīvīnus, -a, -um, *divine*
ardeo, ardēre, arsi, arsum,
2. *I am on fire*
constăt, impers. *it is well
known*
contendo, -tendĕre, -ten-
di, -tentum, 3. *I hasten,
march*
invĭdeo, -vidēre, -vīdi,
-vīsum, 2. *I envy, am jealous of* (with dat.)
mūto, 1. *I change*
polliceor, 2. dep. *I promise*
pŏtior, 4. dep. *I gain possession of* (with abl.)
vereor, 2. dep. *I fear*
sŭper, prep. with acc. *above*

50
discrīmen, -mĭnis, n. *crisis*

mănus, -ūs, f. *band* (of men)
nuntius, -i, m. (1) *messenger* ;
(2) *message*
terror, -ōris, m. *terror*
villa, -ae, f. *country house,
farmhouse*
intĕger, integra, integrum,
whole, unharmed
ūnĭversi, -ae, -a, *all together*
claudo, claudĕre, clausi,
clausum, 3. *I shut*
concurro, -currĕre, -cur-
ri, -cursum, 3. *I run
together*
fallo, fallĕre, fĕfelli, falsum, 3. *I deceive*
hortor, 1. dep. *I encourage*
prōhibeo, 2. *I prevent* (with
infin.)
vasto, 1. *I devastate, lay waste*

51
iūdĭcium, -i, n. *trial* ; *law-
court*
testis, testis, m. or f. *witness*
văcŭus, -a, -um, *empty* ;
with abl. *free from*
abeo, abīre, abĭi, abĭtum,
irreg. *I go away*
cōgito, 1. *I think, ponder*
dĕcet, impers. *it befits*
intellĕgo, -lĕgĕre, -lexi,
-lectum, 3. *I understand*
mĕmĭni, meminisse, de-
fect., *I remember*
nosco, noscĕre, nōvi, nō-
tum, 3. *I get to know* ; perf.
I know (*a person*)

occurro, -currĕre, -curri,
-cursum, 3. *I meet* (with
dat.)
răpio, răpĕre, răpui, raptum, 3. *I snatch, seize*
scio, 4. *I know* (*a fact*)
servo, 1. *I save, reserve*
num, interrog. adv. *surely not*
quīn etiam, *what is more*
quō, adv. *whither*
quis, quă, quid, indef. pron.
any

52
dens, dentis, m. *tooth*
multĭtūdo, -dĭnis, f. *crowd*
sōl, sōlis, m. *sun*
tectum, -i, n. *roof*
thĕatrum, -i, n. *theatre*
vulnus, vulnĕris, n. *wound*
rustĭcus, -a, -um, *of the
country, rural*
ēverto, ēvertĕre, ēverti,
ēversum, 3. *I overturn*
excĭpio, -cĭpĕre, -cēpi,
-ceptum, 3. (1) *I wait to
catch* ; (2) *I except*
rĕmoveo, -mŏvēre, -mōvi,
-mōtum, 2. *I remove*
nĭmĭs, adv. *too much*
scīlĭcet, adv. *obviously, of
course*
infrā, prep. with acc. *below* ;
adv. *below*
istĕ, ista, istud, demonstr.
pron. and adj. *that* (*of
yours*)

96   CIVIS ROMANUS

53

arbor, arbŏris, f. *tree*
frīgus, frīgŏris, n. *cold*
frons, frontis, f. *front*
lătus, lătĕris, n. *side, flank*
littĕra, -ae, f. *letter (of alphabet)*
passus, -ŭs, m. *pace (2 steps, 5 feet)* : mille passūs, *a mile*
rūs, rūris, n. *country* (opp. *city*) ; loc. rūrī
amplus, -a, -um, *spacious* ; *great*
invītus, -a, -um, *unwilling*
nĕcessārius, -a, -um, *necessary*
sĭmĭlis, -ĕ, *like* (with dat. or gen.)
sĭnister, -tra, -trum, *left*
accĭdo, accĭdĕre, accĭdi, 3. *I happen*
nūbo, nūbĕre, nupsi, nuptum, 3. *I marry (a husband)*, (with dat.)
sentio, sentīre, sensi, sensum, 4. *I feel*
quam with superl. *as . . . as possible*
ălĭquis, ălĭquă, ălĭquid, indef. pron. and adj. *someone, some*
ŭterquĕ, utraque, utrumque, *each of two, both*

54

damnum, -i, n. *loss*
dŏmĭnus, -i, m. *owner, master*

hūmānĭtās, -tātis, f. *kindness, fellow-feeling*
ignis, ignis, m. *fire*
sīdus, sīdĕris, n. *star, constellation*
vīnum, -i, n. *wine*
falsus, -a, -um, *false*
hūmānus, -a, -um, *kind*
incŏlŭmis, -ĕ, *safe and sound*
exīstĭmo, 1. *I consider, think*
perdo, perdĕre, perdĭdi, perdĭtum, 3. *I waste*
vendo, vendĕre, vendĭdi, vendĭtum, 3. *I sell*
părum, adv. *not enough*
hĕrĭ, adv. *yesterday*

55

ărēna, -ae, f. *sand* ; '*ring*', *arena*
cĕlĕrĭtās, -tātis, f. *speed, quickness*
cŏlor, cŏlōris, m. *colour*
fĕra, -ae, f. *wild animal*
quiēs, quiētis, f. *peace, rest*
sanguis, sanguĭnis, m. *blood*
sĭlentium, -i, n. *silence*
sŏciĕtās, -tātis, f. *alliance* ; *kinship*
impello, impellĕre, impŭli, impulsum, 3. *I drive*
insum, inesse, infui, *I am in* (with dat.)
lĭcet, impers. *it is allowed* (with infin.)
mīror, 1. dep. *I wonder, am surprised*

oblīviscor, oblīvisci, oblī-
tus sum, 3. dep. *I forget*
quōmŏdŏ ? *how?*
vel, *or* : vel ... vel, *either
... or*
eccĕ ! *behold!*

56

călămĭtās, -tātis, f. *disaster*
fāma, -ae, f. *fame, report*
mōlēs, mōlis, f. *huge mass,
huge building*
mōtus, -ūs, m. *movement*
sŏnĭtus, -ūs, m. *sound*
commūnis, -ĕ, *common,
general*
imprōvīsus, -a, -um, *un-
foreseen*
sĕrus, -a, -um, *late* ; adv.
sērō, *too late*
compăro, 1. *I arrange, obtain*
incĭpio, -cĭpĕre, -cēpi,
-ceptum, 3. *I begin* (with
inf.)
perfĕro, -ferre, -tŭli,
-lātum, irreg. *I bring, carry*
permŏveo, -mŏvēre, -mō-
vi, -mōtum, 2. *I move,
affect*
surgo, surgĕre, surrexi,
surrectum, 3. *I rise*

57

cĭnis, cĭnĕris, m. *ashes*
cursus, -ūs, m. *course*
lātĭtūdo, -dĭnis, f. *width*
nūbēs, nūbis, f. *cloud*

crēber, -bra, -brum, *frequent*
adĕo, adīre, adĭi, adĭtum,
irreg. *I approach, go to*
(trans.)
cēno, 1. *I dine*
diffundo, -fundĕre, -fūdi,
-fūsum, 3. *I spread out*
(trans.)
frango, frangĕre, frēgĭ,
fractum, 3. *I break*
immĭneo, 2. *I threaten, overhang* (with dat.)
praesum, praeesse, prae-
fui, *I am in command of*
(with dat.)
stătuo, stătuĕre, statui,
statūtum, 3. *I decide* (with
infin.)
tĕgo, tĕgĕre, texi, tectum,
3. *I cover*
interdum, adv. *from time to
time*
lībenter, adv. *gladly, willingly*
plānē, adv. *quite, utterly*
undĕ, adv. *whence*

58

cāsus, -ūs, m. *fate*
fūmus, -i, m. *smoke*
mĕtus, -ūs, m. *fear*
spīrĭtus, -ūs, m. *breathing,
breath*
nĭger, nigra, nigrum, *black*
rārus, -a, -um, *scattered, thin*
coepi, coepisse, pass. coeptus sum, defect. *I began*

8

dēscendo, dēscendĕre, dēscendi, dēscensum, 3. *I descend*

rĕfĕro, referre, rettŭli, re- lātum, irreg. *I bring back, carry back*

illūc, adv. *thither*

prius, adv. *sooner, before*

sĭmŭl, adv. *at the same time*

59

condĭcio, -ōnis, f. *condition, understanding*

făcŭltās, -tātis, f. *opportunity*

ŏpīnio, -ōnis, f. *opinion, belief*

rătio, -ōnis, f. *method ; reason*: rationem habeo, *I take notice*

sententia, -ae, f. *opinion*

summa, -ae, f. *total*

virgo, virgĭnis, f. *maiden*

appello, 1. *I call upon*

arbitror, 1. dep. *I think*

confĭteor, confĭtēri, con- fessus sum, 2. dep. *I confess*

dēfĕro, -ferre, -tŭli,

-lātum, irreg. *I report* ; *inform against*

impetro, 1. *I obtain (by asking)*

pertĭneo, 2. (with ad) *I con- cern*

interim, adv. *meanwhile*

rē vērā, *really, genuinely*

60

mĕdĭcus, -i, m. *doctor*

ŏpēs, ŏpum, f. plu. *wealth, resources*

versus, -ūs, m. *line of poetry*

plēnus, -a, -um, *full* (with abl.)

exĭgo, -igĕre, -ēgi, -actum, 3. *I demand*

ostendo, ostendĕre, osten- di, ostentum, 3. *I show*

parco, parcĕre, pĕperci, parsum, 3. *I spare* (with dat.)

quĕror, quĕri, questus sum, 3. dep. *I complain*

ăliās, adv. *on another occasion*

si quando, *if ever*

SELECT LIST OF PROPER NAMES

NOTE ON ROMAN NAMES

Most Romans had three names :
1. *praenomen*, or individual name : e.g. *Gaius*.
2. *nomen*, or name of the *gens* or clan : e.g. *Iulius*.
3. *cognomen*, or name of the family within the clan : e.g. *Caesar*.

The *nomen* and the *cognomen* were transmitted from father to son ; as several families might belong to the same clan, a Roman was usually referred to by his *cognomen*. The number of available *praenomina* was very limited ; it was customary to write this name in abbreviated form, or represent it by an initial. The following list contains the *praenomina* used in the text and in the vocabulary :

A.	= Aulus
App.	= Appius
C.	= Gaius (Caius)
Cn.	= Gnaeus (Cnaeus)
L.	= Lucius
M.	= Marcus
P.	= Publius
Q.	= Quintus
Ser.	= Servius
Ti.	= Tiberius

A Roman might also receive an *agnomen*, or additional name such as *Africanus*, to commemorate some great service to the State.

(Certain names of towns and places, which neither require definition nor present difficulty in their inflexion, are omitted from this list ; all long vowels are marked except diphthongs and vowels in final syllables.)

Actium, -ii, n., a promontory in Epirus
Aegyptus, -i, f., Egypt
Aenēas, -eae (acc. *Aenēan*), m., Aeneas, the Trojan hero who was the legendary ancestor of the Romans

Aequi, -orum, m. plu., a warlike people of Italy dwelling to the **east** of Rome

Africa, -ae, f., the continent of Africa : also the Roman province of the same name, which roughly corresponded to the modern Tunis

Agricola, Cn. Julius, governor of Britain, A.D. 77–84

Agrigentīni, -orum, m. plu., the inhabitants of Agrigentum, a town in Sicily

Albāni, -orum, m. plu., the inhabitants of Alba Longa, the mother-city of Rome

Alpes, -ium., f. plu., the Alps

Antiochus, -i, m., king of Syria, died 164 B.C.

Antōnius, M., the lieutenant of Julius Caesar and the rival of Octavian

Appius Claudius, 1. a blind senator, censor 312 B.C.   2. the governor of Cilicia who preceded Cicero (53 B.C.)

Apūlia, -ae, f., a district in the south-east of Italy

Armoricus, -a, -um, adj., of Armorica, the part of Gaul now called Brittany

Asia, -ae, f., the continent of Asia : more especially the Roman province occupying the extreme west of Asia Minor

Athēnae, -arum, f. plu., Athens

Augustus, -i, m., a name given to Octavian when he became the first emperor of Rome

Aurēlius, M., Roman emperor, A.D. 161–180

Bīthÿnia, -ae, f., a province of Asia Minor on the coast of the Black sea

Britannia, -ae, f., Britain : hence *Britannus, -a, -um,* adj., British : also *Britanni, -orum,* m. plu., the Britons

Brūtus, L. Iūnius, one of the first consuls of Rome, 509 B.C.

Brūtus, M. Iūnius, one of the murderers of Julius Caesar, 44 B.C.

Bÿzantium, -ii, n., a city in Thrace, at the entrance to the Black Sea, now Istanbul

Caepio, -ōnis, m., the half-brother of Cato the younger

Caesar, -aris, C. Iūlius, the great Roman soldier and statesman, assassinated 44 B.C.

Calēdonia, -ae, f., the northern part of Britain

Camillus, M. Fūrius, a Roman hero, five times dictator, who died 365 B.C.

Campānia, -ae, f., a district of central Italy

Campus Martius, m., ' Mars' Field ', a plain just outside Rome, used for military exercises, sports, and assemblies

Capēna, porta, f., a gate of the city of Rome through which ran the Appian Way

Capitōlium, -ii, n., the great temple of Jupiter at Rome : also the hill upon which it stood

Capreae, -arum, f. plu., an island off the coast of Campania, now Capri

Cassius, C., one of the murderers of Julius Caesar

Cato, -ōnis, M. Porcius, 1. a Roman statesman, censor 184 B.C., called Cato ' Maior ' (' the elder '). 2. his great-grandson, an opponent of Julius Caesar, tribune 59 B.C., called Cato ' Minor ' (' the younger ')

Cicero, -ōnis, M. Tullius, 1. the famous statesman, orator, and letter-writer, who was one of the last champions of the senate : consul 63 B.C., killed 43 B.C. 2. his son, born 65 B.C., educated at Athens : consul 30 B.C., died the same year

Cilicia, -ae, f., a Roman province on the southern coast of Asia Minor

Cīneas, -eae, m., an envoy of king Pyrrhus

Claudius, -ii, m., Roman emperor, A.D. 41-54 : in his reign was begun the conquest of Britain

Constantīnopolis, -is, f., the name given by Constantine to Byzantium when he rebuilt it as his capital

Corioli, -orum, m. plu., a town in Italy, the capital of the Volsci

Cratippus, -i, m., an Athenian philosopher who taught young Cicero

Diāna, -ae, f., the Italian goddess of the chase

Drūsus, M. Līvius, a Roman statesman, tribune 91 B.C.

Ephesus, -i, f., an important town in the province of Asia

Epīrus, -i, f., a country to the north-west of Greece, now Albania

Etrūria, -ae, f., a district on the coast of Italy, north-west of Rome : hence *Etrusci, -orum*, m. plu., the Etruscans

Fīdēnae, -arum, f. plu., a town on the river Tiber five miles above Rome

Fronto, -ōnis, M. Cornēlius, a Roman teacher of rhetoric, the tutor of Marcus Aurelius

Gāius, -ii, 1. grandson of Augustus, died A.D. 4. 2. Roman emperor, A.D. 37–41 : named ' Caligula ' (' Little Boots ')

Galatae, -arum, m. plu., a Celtic tribe which lived in the mountains of Asia Minor

Galba, Ser. Sulpicius, a Roman general who overthrew Nero, and reigned as emperor A.D. 68–69

Galli, -orum, m. plu., the Gauls, a wide-spread Celtic race : hence *Gallia, -ae,* f., Gaul, which included what is now France and Belgium, besides parts of Italy and Germany : also *Gallicus, -a, -um,* adj., Gallic, Celtic

Germāni, -orum, m. plu., the Germans : also *Germānia, -ae,* f., Germany (the two Roman *provinces* of Germany were confined to the left bank of the Rhine) : and *Germānus, -a, -um,* adj., German

Germānicus, -i, m., surname given to the adopted son of the emperor Tiberius ; he was the father of Gaius Caligula

Gracchus, Ti. Semprōnius, a Roman statesman and reformer, tribune 133 B.C.

Gracchus, C. Semprōnius, his brother, tribune 123–121 B.C.

Graeci, -orum, m. plu., the Greeks : hence *Graecia, -ae,* f., Greece : also *Graecus, -a, -um,* adj., Greek.

Graupius, mons, an unknown mountain in Scotland, probably somewhere in Perthshire

Hādriānus, -i, m., Roman emperor, A.D. 117–138.   In his reign was built the great wall across Britain

Hercules, -is, m., a legendary Greek hero, famous for his Twelve Labours

Hibernia, -ae, f., Ireland : known to, but unconquered by, the Romans

Hippo, -ōnis, m., a city on the north coast of Africa, in the province of Numidia

Hispānia, -ae, f., Spain

Horātii, -orum, m. plu., three brothers who, according to Roman legend, fought against the Alban Curiatii

Horātius Flaccus, Q., a Roman poet, born 65 B.C., died 8 B.C. : one of the many writers who praised Augustus and his work

Italia, -ae, f., Italy : hence *Itali, -orum,* m. plu., the Italians

Laurentīnus, -a, -um, adj., of or near Laurentum, a town on the coast of Italy south-west of Rome

Lūcius, -ii, m., grandson of Augustus, died A.D. 2

Maecēnas, -ātis, m., a friend of Augustus and a patron of the poets

Martiālis, -is, M. Valerius, a Roman poet who died in A.D. 104

Mediōlānum, -i, n., a city in northern Italy, now Milan
Mīlētus, -i, f., a city in the province of Asia
Mīsēnum, -i, n., a promontory in Campania on the west coast of
     Italy : also a town built upon it, an important naval base
Morini, -orum, m. plu., a Gallic tribe inhabiting the coast of Flanders

Nero, -ōnis, m., Roman emperor, A.D. 54–68

Octāviānus, -i, m., the great-nephew and adopted son of Julius
     Caesar, who reigned as first emperor of Rome from 27 B.C.
     to A.D. 14
Orcades, -um, f. plu., a group of islands off the north coast of Scotland :
     probably the Orkneys

Parthi, -orum, m. plu., the Parthians : a warlike race dwelling in Asia
     to the south of the Caspian Sea
Persae, -arum, m. plu., the Persians : a once-powerful people of Asia
     which was overcome by the Parthians
Philippensis, -e, adj., of Philippi, a city in Thrace near which Brutus
     and Cassius were defeated in 42 B.C.
Picti, -orum, m. plu., the Picts, who inhabited Caledonia
Plautius, A., commander of the Roman expedition to Britain in
     A.D. 43 : recalled in A.D. 47
Plīnius Secundus, C., a Roman author who perished in the eruption
     of Vesuvius, A.D. 79
Plīnius Caecilius, C., his nephew, a Roman man of letters, who was
     governor of Bithynia in A.D. 111
Poeni, -orum, m. plu., the name usually given to the Carthaginians,
     who were descended from Phoenician settlers : they built up
     a large empire in north Africa and Spain, but Carthage was
     finally destroyed by Rome in 146 B.C. : hence *Poenus, -a, -um,*
     and *Pūnicus, -a, -um,* adjj., Carthaginian, Punic.
Pompēii, -iorum, m. plu., a city on the coast of Campania, destroyed
     by the eruption of Vesuvius in A.D. 79
Pompēius, Cn., a Roman general, the rival of Julius Caesar, whom
     the latter defeated at Pharsalus in 48 B.C.
Porsena, -ae, m., an Etruscan king
Pyrrhus, -i, m., a king of Epirus who invaded Italy in 280 B.C.

Remus, -i, m., the brother of Romulus
Rhēnus, -i, m., the river Rhine

Rōmulus, -i, m., the founder and first king of Rome

Rutuli, -orum, m. plu., a people of ancient Italy

Sabrīna, -ae, f., a river in Britain, now the Severn

Saxones, -um, m. plu., a powerful Germanic people which invaded Britain from about A.D. 300 onwards

Sibylla, -ae, f., a name given to several female soothsayers, the most famous being the one who offered the Sibylline books to Tarquin

Suētōnius Paulīnus, Roman governor of Britain, A.D. 58–61 : it was he who suppressed the revolt of Boudicca

Sūlis Aquae, f. plu., ' The Waters of Sul ', a health-resort in Roman Britain, now Bath : Sul was the goddess of the springs

Sulla, L. Cornēlius, a Roman soldier and statesman, who was dictator 82–79 B.C.

Syria, -ae, f., a country of Asia, made a Roman province in 64 B.C.

Tarquinius, -ii, m., the last king of Rome, expelled 510 B.C. : surnamed ' Superbus ' (' the Proud ')

Theodosius, -ii, m., a great soldier who was emperor of Rome, A.D. 378–395

Thūlē (acc. *Thūlēn*, abl. *Thūlē*) f., a legendary island in the far north : perhaps one of the Faroe or Shetland groups

Tiberis, -is, m., the river Tiber, on which Rome stands

Tiberius, -ii, m., the stepson and successor of Augustus : Roman emperor, A.D. 14–37

Tīro, -ōnis, m., a freedman, the secretary and friend of Cicero

Trāiānus, M. Ulpius, Roman emperor, A.D. 98–117

Trisantōna, -ae, f., a river of Britain, here identified with the Trent

Trōia, -ae, f., a city of Asia Minor, besieged for ten years by the Greeks : hence *Trōiānus, -a, -um*, adj., Trojan, and *Trōiāni, orum*, m. plu., the Trojans

Ūsipi, -orum, m. plu., a German people which dwelt along the eastern bank of the middle Rhine

Varro, C. Terentius, a Roman general, consul 216 B.C.

Veneti, -orum, m. plu., a people of Gaul which inhabited the southern coast of Brittany

Venus, -eris, f., the goddess of Love, mother of Aeneas

Vercingetorix, -igis, m., a Gallic chieftain who led a national revolt against Caesar in 52 B.C.

Vergilius, P., the great Roman poet who wrote the ' Aeneid ', the story of Aeneas' adventures before and after arriving in Italy : died 19 B.C.

Verres, C. Cornēlius, governor of Sicily, 73–71 B.C. : attacked by Cicero for his misgovernment

Verulāmium, -ii, n., a town in Britain, now St. Albans : hence *Verulāmienses, -ium*, m. plu., the inhabitants of Verulamium

Vesta, -ae, f., the Roman goddess of the hearth

Via Sacra, f., the most important street in Rome, which led past the Forum to the Temple of Capitoline Jupiter

Volsci, -orum, m. plu., a people of Italy, dwelling to the south-east of Rome

GENERAL VOCABULARY

In this vocabulary the quantity of a vowel is marked only where it is necessary to differentiate two words, or to indicate the conjugation.

The numerals 1, 2, 4, refer to regular verbs of the first, second, and fourth conjugations.

A, ab (prep. with abl.), *by* ; *from*

ab-eo, -ire, -ii, -itum (v. irreg.), *I go away*

abhinc (adv.), *ago*

abhorreo, 2 (v. intrans.), *I shrink from*

ab-icio, -icĕre, -ieci, -iectum (v. trans.), *I throw away*

abs-cido, -cidĕre, -cidi, -cisum (v. trans.), *I cut off*

absum, abesse, afui (v. irreg.), *I am away, am absent*

ac (conj.) *and moreover*

ac-cedo, -cedĕre, -cessi, -cessum (v. intrans.), *I approach* (with ' ad ' or ' in ')

ac-cĭdo, -cidere, -cĭdi (v. intrans.), *I fall upon, happen* ; accidit (impers.), *it happens*

ac-cipio, -cipĕre, -cepi, -ceptum (v. trans.), *I receive*

accuso, 1 (v. trans.), *I accuse*

acer, acris, acre (adj.), *eager*

acerbus, -a, -um (adj.), *bitter, harsh*

acies, aciei (f.), *battle-line*

ad (prep. with acc.), *to, at*

ad-duco, -ducĕre, -duxi, -ductum (v. trans.), *I lead to ; I induce*

ad-eo, -ire, -ii, -itum (v. irreg.), *I approach, go to* (trans.)

adhuc, (adv.), *still*

ad-icio, -icĕre, -ieci, -iectum (v. trans.), *I throw towards ; I add*

ad-iungo, -iungĕre, -iunxi, -iunctum (v. trans.), *I join, attach*

ad-iuvo, -iuvare, -iuvi, -iutum (v. trans.), *I help*

adligo, 1 (v. trans.), *I bind to*

administro, 1 (v. trans.), *I manage, administer*

admiratio, -onis (f.), *admiration* ; *surprise, wonder*

admoneo, 2 (v. trans.), *I advise, warn*

adolescens, -entis (m.), *young man*

ad-sum, -esse, -fui (v. irreg.), *I am present, am at* (with dat.)

advena, -ae (m. or f.), *foreigner, stranger*

ad-venio, -venire, -vēni, -ventum (v. intrans.), *I arrive, come to*

adventus, -ūs (m.), *arrival*

adversarius, -i (m.), *opponent*

aedificium, -i (n.), *building*

aedifico, 1 (v. trans.), *I build*

aeger, aegra, aegrum (adj.), *sick, ill*

aequus, -a, -um (adj.), *equal*; *fair*

aestas, aestatis (f.), *summer*

aetas, aetatis, (f.), *age*

af-ficio, -ficĕre, -feci, -fectum (v. trans.), *I influence*; dolore te afficio, *I fill you with grief*

ager, agri (m.), *field*; (plu.) *land*

ag-gredior, -gredi, -gressus sum (v. dep. trans.), *I attack*

ago, agĕre, egi, actum (v. trans.), *I drive*; *I do, perform, manage*; gratias ago, *I give thanks*; (also intrans.) *I act*

agricola, -ae (m.), *farmer*

alias (adv.), *on another occasion*

aliquando (adv.), *sometimes*; *at some time*

ali-quis, -qua, -quid (indef. pron. and adj.), *someone, some*

alius, -a, -ud (adj.), *other*; alii . . . alii, *some . . . others*

alter, altera, alterum (adj.), *the other (of two)*; alter . . . alter, *the one . . . the other*

altus, -a, -um (adj.), *high*; *deep*

amicitia, -ae (f.), *friendship*

amicus, -i (m.), *friend*

a-mitto, -mittĕre, -mīsi, -missum (v. trans.), *I lose*

amo, 1 (v. trans.), *I love*

amor, amoris (m.), *love*

amphitheatrum, -i (n.), *amphitheatre*

amplus, -a, -um (adj.), *spacious, great*

angustus, -a, -um (adj.), *narrow*

animus, -i (m.), *mind, courage*; in animo habeo, *I have in mind, intend* (with inf.)

annus, -i (m.), *year*

ante (prep. with acc.), *before*; (also adv.) *before*

antea (adv.), *before, previously*

aper, apri (m.), *boar*

aperio, aperire, aperui, apertum (v. trans.), *I open*; *I reveal*

apparatus, -ūs (m.), *equipment*

appareo, 2 (v. intrans.), *I appear*

appello, 1 (v. trans.), *I call upon*

appropinquo, 1 (v. intrans.), *I approach* (with dat.)

aptus, -a, -um (adj.), *suited*

apud (prep. with acc.), *in the hands of, among*; *at the house of*

aqua, -ae (f.), *water*

aquila, -ae (f.), *eagle*; *standard (of a legion)*

ara, -ae (f.), *altar*

aratrum, -i (n.), *plough*

arbitrium, -i (n.), *judgement*

arbitror, 1 (v. dep.), *I think*

arbor, arboris (f.), *tree*

ardeo, ardēre, arsi, arsum (v. intrans.), *I am on fire*

area, -ae (f.), *courtyard*

arena, -ae (f.), *sand*; arena, '*ring*'

arma, -orum (n. plu.), *weapons*

ars, artis (f.), *skill, accomplishment, cunning*

artifex, artificis (m.), *artist*

a-scendo, -scendĕre, -scendi, -scensum (v. trans. and intrans.), *I climb up*

aspicio, aspicĕre, aspexi, aspectum (v. trans.), *I look at, face*

as-sentio, -sentire, -sensi, -sensum (v. intrans.), *I agree*

atque (ac) (conj.), *and moreover*

atrox, gen. atrocis (adj.), *horrible, abominable*

auctor, -toris (m.), *author, person responsible*

auctoritas, -tatis (f.), *influence, authority*

audacia, -ae (f.), *boldness*

audax, gen. audacis (adj.), *daring*

audeo, audēre, ausus sum (v. semi-dep.), *I dare* (with inf.)

audio, 4 (v. trans.), *I hear*

augeo, augēre, auxi, auctum (v. trans.), *I increase*

aut (conj.), *or* ; aut . . . aut, *either . . . or*

autem (adv.), *but, however, moreover*

auxilium, -i (n.), *help* ; (plu.), *auxiliary forces*

avaritia, -ae (f.), *avarice*

ave (imperative), *hail !*

avide (adv.), *eagerly*

avunculus, -i (m.), *uncle*

Baculum, -i (n.), *staff*

balneum, -i (n.), *bath*

barbarus, -a, -um (adj.), *barbarian, uncivilized*

bellum, -i (n.), *war*

bene (adv.), *well*

bonus, -a, -um (adj.), *good* ; bona (n. plu. used as noun), *goods*

brevis, -e (adj.), *short*

Cado, cadĕre, cecidi, casum (v. intrans.), *I fall*

caecus, -a, -um (adj.), *blind*

caedes, caedis (f.), *slaughter*

caelum, -i (n.), *sky, heaven*

calamitas, -tatis (f.), *disaster*

calidus, -a, -um (adj.), *warm, hot*

calor, caloris (m.), *heat*

campus, -i (m.), *plain, field*

canis, canis (m. or f.), *dog*

cano, canĕre, cecini, cantum (v. trans. and intrans.), *I sing*

capio, capĕre, cepi, captum (v. trans.), *I take* ; consilium capio, *I adopt a plan*

captivus, -i (m.), *prisoner*

caput, capitis (n.), *head*

carmen, carminis (n.), *song, poem*

carus, -a, -um (adj.), *dear*

casa, -ae (f.), *hut*

castra, -orum (n. plu.), *camp*

casus, -ūs (m.), *fate*

causa, -ae (f.), *cause, reason* ; causam ago, *I champion the cause*

causā (after gen.), *for the sake of*

cavus, -a, -um (adj.), *hollow*

cedo, cedĕre, cessi, cessum (v. intrans.), *I yield* (with dat.)

celer, celeris, celere (adj.), *quick*

celeritas, -tatis (f.), *speed, quickness*

celeriter (adv.), *quickly*

celo, 1 (v. trans.), *I conceal, hide*

ceno, 1 (v. intrans.), *I dine*

censor, censoris (m.), *censor*

censorius, -a, -um (adj.), *of a censor*

certe (adv.), *at least* ; *at any rate*

certus, -a, -um (adj.), *sure* ; eum certiorem facio, *I inform him*

ceteri, -ae, -a (adj. plu), *the rest, the others*

cibus, -i (m.), *food*

cingo, cingĕre, cinxi, cinctum (v. trans.), *I surround*

cinis, cineris (m.), *ashes*

circulus, -i (m.), *circle*

circum (prep. with acc.), *round*

circum-venio, -venire, -vēni, -ventum (v. trans.), *I surround*

civilis, -e (adj.), *of citizens, civil*

civis, civis (m. or f.), *citizen*

civitas, -tatis (f.), *state, community*

clam (adv.), *secretly*

clamo, 1 (v. trans.), *I shout, cry*

clamor, clamoris (m.), *shout, noise*

clarus, -a, -um (adj.), *famous*

classis, classis (f.), *fleet*

claudo, claudĕre, clausi, clausum (v. trans.), *I shut*

clementia, -ae (f.), *mercy*

coepi, coepisse (v. defec.), *I began* (pass. coeptus sum)

coerceo, 2 (v. trans.), *I restrain*

cogito, 1 (v. trans.), *I think, ponder*

cog-nosco, -noscĕre, -novi, -nitum (v. trans.), *I get to know, find out*

cogo, cogĕre, coegi, coactum (v. trans.), *I collect* ; *I compel* (with acc. of person, inf. of action)

cohors, cohortis (f.), *cohort*

collis, collis (m.), *hill*

colloquium, -i (n.), *conversation*

colo, colĕre, colui, cultum (v. trans.), *I cultivate* ; *I worship*

colonia, -ae (f.), *colony, settlement*

color, coloris (m.), *colour*

comes, comitis (m. or f.), *companion*

commercium, -i (n.), *trade*

com-mitto, -mittĕre, -misi, -missum (v. trans.), *I entrust* ; proelium committo, *I join battle*

communis, -e (adj.), *common, general*

comparo, 1 (v. trans.), *I arrange, obtain*

com-pleo, -plēre, -plevi, -pletum (v. trans.), *I fill*; *I man*

complures, -a (adj. plu.), *several, a good many*

com-pono, -ponĕre, -posui, -positum (v. trans.), *I settle, arrange*

com-prehendo, -prehendĕre, -prehendi, -prehensum (v. trans.), *I seize* ; *I grasp, understand*

concilio, 1 (v. trans.), *win over*

concilium, -i (n.), *council, assembly*

con-curro, -currĕre, -curri, -cursum (v. intrans.), *I run together*

condicio, -onis (f.), *condition, understanding*

con-do, -dĕre, -didi, -ditum (v. trans.), *I establish, found*

confero, conferre, contuli, collatum (v irreg.), *I bring together* ; *collect* ; me confero, *I betake myself*

con-ficio, -ficĕre, -feci, -fectum (v. trans.), *I complete*

confirmo, 1 (v. trans.), *I strengthen, establish*

con-fiteor, -fitēri, -fessus sum (v. dep.), *I confess*

conformo, 1 (v. trans.), *I shape*

con-gredior, -gredi, -gressus sum (v. dep.), *I meet* (intrans.)

con-icio, -icĕre, -ieci, -iectum (v. trans.), *I throw*

con-iungo, -iungĕre, -iunxi, -iunctum (v. trans.), *I join*

coniuratio, -tionis (f.), *conspiracy*

coniuro, 1 (v. intrans.), *I conspire* ; coniuratus (part. used in active sense), *conspirator*

conor, 1 (v. dep.), *I try* (with inf.)

con-scendo, -scendĕre, -scendi, -scensum (v. trans.), *I climb*; in navem conscendo, *I embark* con-scribo, -scribĕre, -scripsi, -scriptum (v. trans.), *I enrol, enlist*

conservo, 1 (v. trans.), *I save, keep*

consilium, -i (n.), *plan ; advice*

con-sisto, -sistere, -stiti (v. intrans.), *I halt, stand still*

con-spicio, -spicĕre, -spexi, -spectum (v. trans.), *I see, observe*

constantia, -ae (f.), *determination, persistence*

constat (v. impers.), *it is well known*

con-stituo, -stituĕre, -stitui, -stitutum (v. trans.), *I set up, establish* ; (with inf.), *I decide, resolve*

consul, -sulis (m.), *consul*

con-sulo, -sulĕre, -sului, -sultum (v. intrans.), *I take thought for* (with dat.)

con-temno, -temnĕre, -tempsi, -temptum (v. trans.), *I despise*

con-tendo, -tendĕre, -tendi, -tentum (v. intrans.), *I hasten, march*

con-tineo, -tinēre, -tinui, -tentum (v. trans.), *I confine*

continuus, -a, -um (adj.), *continuous*

contra (prep. with acc.), *against* ; (also adv.), *on the other hand*

con-venio, -venire, -vēni, -ventum (v. intrans.), *I assemble* ; convenit (impers.), *it suits, it is befitting*

convivium, -i (n.), *banquet*

copia, -ae (f.), *supply, store, abundance* ; (plu.), *troops, forces*

corpus, corporis (n.), *body*

cor-rumpo, -rumpĕre, -rupi, -ruptum (v. trans.), *I spoil, corrupt, waste*

cottidie (adv.), *daily, every day*

cras (adv.), *to-morrow*

crastinus, -a, -um (adj.), *to-morrow's*

creber, crebra, crebrum (adj.), *frequent*

credo, credĕre, credidi, creditum (v. trans. and intrans.), *I believe* (with dat. of person)

creo, 1 (v. trans.), *I elect*

cresco, crescĕre, crevi, cretum (v. intrans.), *I grow*

crudelis, -e (adj.), *cruel*

crudelitas, -tatis (f.), *cruelty*

cruentus, -a, -um (adj.), *bloodthirsty*

crux, crucis (f.), *cross* ; cruce afficio, *I crucify*

cubiculum, -i (n.), *bedroom*

culpo, 1 (v. trans.), *I blame*

cum (prep. with abl.), *along with*

cum (conj.), *when*

cunctor, 1 (v. dep.), *I hesitate, delay*

cunctus, -a, -um (adj.), *all*

cupio, cupĕre, cupivi, cupitum (v. trans.), *I desire* (with inf.)

cur ? (interrog. adv.), *why ?*

cura, -ae (f.), *care*

curia, -ae (f.), *senate-house*

curo, 1 (v. trans.), *I attend to, take charge of*

curro, currĕre, cucurri, cursum (v. intrans.), *I run*

cursus, -ūs (m.), *course*

custos, custodis (m.), *guard, guardian*

Damno, 1 (v. trans.), *I condemn* (with acc. of person and gen. of punishment) damnum, -i (n.), loss

de (prep. with abl.), *about, concerning* ; *from, down from*

dea, -ae (f.), *goddess*

debeo, 2 (v. trans.), *I owe* ; (with inf.), *I ought*

decet, 2 (v. impers.), *it befits*

decimus, -a, -um (adj.), *tenth*

de-cipio, -cipĕre, -cepi, -ceptum (v. trans.), *I deceive*

dedecus, dedecoris (n.), *disgrace*

de-duco, -ducĕre, -duxi, -ductum (v. trans.), *I lead down*

de-fendo, -fendĕre, -fendi, -fensum (v. trans.), *I defend*

de-fero, -ferre, -tuli, -latum (v. irreg.), *I report, inform against*

defessus, -a, -um (adj.), *tired*

de-ficio, -ficĕre, -feci, -fectum (v. trans.), *I fail, am lacking to*

deinde (adv.), *then, next*

de-labor, -labi, -lapsus sum (v. dep.), *I fall, collapse*

delecto, 1 (v. trans.), *I please, delight*

deleo, delēre, delevi, deletum (v. trans.), *I destroy*

delibero, 1 (v. intrans.), *I deliberate*

de-ligo, -ligere, -legi, -lectum (v. trans.), *I choose*

delphinus, -i (m.), *dolphin*

de-minuo, -minuĕre, -minui, -minutum (v. trans.), *I lessen*

denique (adv.), *lastly*

dens, dentis (m.), *tooth*

densus, -a, -um (adj.), *thick, dense*

de-pono, -ponĕre, -posui, -positum (v. trans.), *I put down, lay down*

de-scendo, -scendĕre, -scendi, -scensum (v. intrans.), *I descend*

de-ser -serĕre, -serui, -sertum (v. ans.), *I abandon*

desidero, 1 (v. trans.), *I long for*

designo, 1 (v. trans.), *I mark out*

de-silio, -silire, -silui (v. intrans.), *I leap dou*

de-sino, -sinĕre, -sii, -situm (v. trans. and int...s.), *I leave off, cease* (with inf.)

despero, 1 (v. intrans.), *I give up hope*

de-sum, -esse, -fui (v. irreg.), *I am lacking* (w..h dat. of person)

deterior (comp. adj.), *worse*

deturbo, 1 (v. trans.), *I thrust down*

deus, -i (m.), *god*

deversorium, -i (n.), *inn*

dextra, -ae (f.), *right hand*

dico, dicĕre, dixi, dictum (v. trans.), *I say*

dictator, -toris (m.), *dictator*

dies, diei (m.), *day*

difficilis, -e (adj.), *difficult*

difficultas, -tatis (f.), *difficulty*

dif-fundo, -fundĕre, -fudi, -fusum (v. trans.), *I spread out*

dignus, -a, -um (adj.), *worthy* · *worthy of* (with abl.)

dilacero, 1 (v. trans.), *I tear to pieces*

diligens, gen. diligentis (adj.), *careful*

diligenter (adv.), *carefully*

diligentia, -ae (f.), *care, thoroughness*

di-mitto, -mittĕre, -misi, -missum (v. trans.), *I send away*

dirus, -a, -um (adj.), *dreadful, terrible*

dis-cedo, -cedĕre, -cessi, -cessum (v. intrans.), *I depart, go away* :

(of a battle) *I come off* (*victorious, etc.*)

disciplina, -ae (f.), *discipline*

discipulus, -i (m.), *pupil*

disco, discĕre, didici (v. trans.), *I learn*

discrimen, -minis (n.), *crisis*

dissensio, -onis (f.), *strife, quarrel*

dis-sentio, -sentire, -sensi, -sensum (v. intrans.), *I disagree*

dis-tribuo, -tribuĕre, -tribui, -tributum (v. trans.), *I distribute*

diu (adv.), *for a long time* ; diutius (comp.), *longer, too long*

diversus, -a, -um (adj.), *different*

dives, gen. divitis (irreg. adj.), *rich*

di-vido, -vidĕre, -visi, -visum (v. trans.), *I divide*

divinus, -a, -um (adj.), *divine*

divitiae, -arum (f. plu.), *wealth*

divus, -i (m.), *god* ; (*as applied to a dead Roman emperor*) *the late*

do, dăre, dedi, datum (v. trans.), *I give*

doceo, docēre, docui, doctum (v. trans.), *I teach* (sometimes with acc. of person and acc. of thing taught)

doctus, -a, -um (adj.), *learned*

doleo, 2 (v. intrans.), *I grieve*

dolor, doloris (m.), *grief*

dolus, -i (m.), *trick, stratagem*

domicilium, -i (n.), *home*

dominus, -i (m.), *owner, master*

domus, -ūs (f.), *home, house* : (locative) domi, *at home*

dono, 1 (v. trans.), *I present*

dormio, 4 (v. intrans.), *I sleep*

dubito, 1 (v. intrans.), *I hesitate* (with inf.)

dubius, -a, -um (adj.), *doubtful*

duco, ducĕre, duxi, ductum (v. trans.), *I lead*; murum duco, *I build a wall*

dulcis, -e (adj.), *sweet, pleasant*

dum (conj.), *while, until*

dux, ducis (m.), *leader, general*

E (prep. with abl.), *out of*

ecce (interj.), *behold !*

ĕdo, ĕdĕre, ēdi, esum (v. trans.), *I eat*

ē-do, -dĕre, -didi, -ditum (v. trans.), *I publish*

edŭco, 1 (v. trans.), *I educate, bring up*

e-dūco, -ducere, -duxi, -ductum (v. trans.), *I lead out*

ef-ficio, -ficĕre, -feci, -fectum (v. trans.), *I achieve*

effigies, -ei (f.), *portrait*

ef-fugio, -fugĕre, -fūgi, -fugitum (v. trans. and intrans.), *I escape* (*from*)

e-gredior, -gredi, -gressus sum (v. dep.), *I go out*

egregius, -a, -um (adj.), *outstanding*

elephantus, -i (m.), *elephant*

eloquentia, -ae (f.), *eloquence*

emo, emĕre, ēmi, emptum (v. trans.), *I buy*

enim (conj.), *for*

eo, ire, ivi, itum (v. irreg.), *I go*

eo (adv.), *thither*

epigramma, -atis (n.), *short poem, epigram*

epistola, -ae (f.), *letter*

eques, equitis (m.), *horseman, knight* ; (plu.), *cavalry* ; magister equitum, ' *Master of the Horse* '

equus, -i (m.), *horse*

erat, *was* (3rd sing. imperf. of
'sum'); erant, *were*
erro, 1 (v. intrans.), *I wander*
error, erroris (m.), *mistake*
est, *is* (3rd sing. present of
'sum')
et (conj.), *and* (et . . . et, *both*
. . . *and*); (also adv.) *also,
even*
etiam (adv.), *also, even*; (*in
answers*) *yes*
eum, eam, *him, her*; eos, eas,
them
e-verto, -vertĕre, -verti, -versum
(v. trans.), *I overturn*
ex (prep. with abl.), *out of*
ex-cedo, -cedĕre, -cessi, -cessum
(v. intrans.), *I go out*
ex-cipio, -cipĕre, -cepi, -ceptum
(v. trans.), *I wait to catch*; *I
except*
excito, 1 (v. trans.), *I awake,
arouse*
exemplum, -i (n.), *example*
ex-eo, -ire, -ii, -itum (v. irreg.), *I
go out*
exercitus, -ūs (m.), *army*
ex-igo, -igĕre, -egi, -actum (v.
trans.), *I drive out*; *I exact,
demand*
existimo, 1 (v. trans.), *I consider,
think*
ex-pello, -pellĕre, -puli, -pulsum
(v. trans.), *I drive out*
ex-pono, -ponĕre, -posui, -posi-
tum (v. trans.), *I set forth,
arrange, draw up*
ex-pugno, 1 (v. trans.), *I take by
storm*
exsilium, -i (n.), *exile*
exspecto, 1 (v. trans.), *I wait for*
extra (prep. with acc.), *outside*

9

Fabula, -ae (f.), *story*
facilĕ (adv.), *easily*
facilis, -e (adj.), *easy*
facio, facĕre, feci, factum (v.
trans.), *I make*; *I do*
factum, -i (n.), *deed*
facultas, -tatis (f.), *opportunity*
fallo, fallĕre, fefelli, falsum (v.
trans.), *I deceive*
falsus, -a, -um (adj.), *false*
fama, -ae (f.), *fame, report*
familia, -ae (f.), *family*
faveo, favēre, fāvi, fautum (v.
intrans.), *I support* (with dat.)
fax, facis (f.), *torch, firebrand*
felix, gen. felicis (adj.), *for-
tunate, prosperous*
femina, -ae (f.), *woman*
fenestra, -ae (f.), *window*
fera, -ae (f.), *wild animal*
fere (adv.), *almost, roughly*
fero, ferre, tuli, latum (v. irreg.),
I carry; *I endure*
ficus, -i or -ūs (f.), *fig-tree*
fidelis, -e (adj.), *faithful*
fides, -ei (f.), *faith, loyalty*
filia, -ae (f.), *daughter*
filius, -i (m.), *son*
fingo, fingĕre, finxi, fictum (v.
trans.), *I invent, fashion*
finis, finis (m.), *end, limit*;
(plu.) *boundaries, territory*
finitimus, -a, -um (adj.), *bordering,
neighbouring*
fio, fieri, factus sum (v. irreg.), *I
become*
fistula, -ae (f.), *pipe*
flamma, -ae (f.), *flame*
floreo, 2 (v. intrans.), *I flourish,
prosper*
flumen, fluminis (n.), *river*
fluvius, -i (m.), *river*

forma, -ae (f.), *shape* ; *beauty*
fortasse (adv.), *perhaps*
forte (adv.), *as it happens, by chance*
fortis, -e (adj), *brave*
fortitudo, -tudinis (f.), *courage*
fortuna, -ae (f.), *fortune, destiny*
forum, -i (n.), *market-place*
fossa, -ae (f.), *trench, ditch*
frango, frangĕre, fregi, fractum (v. trans.), *I break*
frater, fratris (m.), *brother*
frigus, frigoris (n.), *cold*
frons, frontis (f.), *front* ; a fronte, *in front*
frustra (adv.), *in vain*
fuga, -ae (f.), *flight*
fugio, fugĕre, fūgi, fugitum (v. trans. and intrans.), *I run away, flee, flee from*
fugo, 1 (v. trans.), *I put to flight*
fumus, -i (m.), *smoke*
fundamentum, -i (n.), *foundation*
fundus, -i (m.), *farm, estate*
funis, funis (m.), *rope*
funus, funeris (n.), *funeral* ; funus duco, *I conduct a funeral*
furor, furoris (m.), *madness*

Galea, -ae (f.), *helmet*
garrio, 4 (v. intrans.), *I chatter*
geminus, -i (m.), *twin*
gens, gentis (f.), *race, descent* ; (at Rome) *clan*
genus, generis (n.), *kind, sort*
gero, gerĕre, gessi, gestum (v. trans.), *I do, carry on, exercise*; bellum gero, *I wage war*; me gero, *I behave*
glacies, -ei (f.), *ice*
gladiator, -toris (m.), *gladiator*
gladius, -i (m.), *sword*

gloria, -ae (f.), *glory*
gratia, -ae (f.), *favour, popularity* ; (plu.), *thanks*
gratus, -a, -um (adj.), *pleasing, welcome*
gravis, -e (adj.), *heavy, serious, burdensome*
gravitas, -tatis (f.), *weight* ; *personal dignity*
gubernator, -toris (m.), *steersman*

Habeo, 2 (v. trans.), *I have* ; *I hold, consider*
habito, 1 (v. trans.), *I inhabit*
hasta, -ae (f.), *spear*
heres, heredis (m. or f.), *heir*
heri (adv.), *yesterday*
hiberna, -orum (n. plu.), *winter quarters*
hic, haec, hoc (demonstr. pron. and adj.), *this* ; *the latter*
hīc (adv.), *here*
hiems, hiemis (f.), *winter*
historia, -ae (f.), *story*
hodie (adv.), *to-day*
homo, hominis (m.), *man* ; *human being*
honestus, -a, -um (adj.), *honourable, respectable*
honos, honoris (m.), *distinction* ; ius honorum, *right of holding office*
hora, -ae (f.), *hour*
hortor, 1 (v. dep. trans.), *I encourage*
hortus, -i (m.), *garden*
hospitium, -i (n.), *hospitality*
hostis, hostis (m.), *enemy* (usually plu.)
huc (adv.), *hither* ; huc illuc, *hither and thither*
hui (interj.), *oh !*

humanitas, -tatis (f.), *kindness, fellow-feeling*

humanus, -a, -um (adj.), *kind*

humilis, -e (adj.), *low* ; *lowly*

Iaceo, 2 (v. intrans.), *I lie*

iacio, iacĕre, ieci, iactum (v. trans.), *I throw*

iacto, 1 (v. trans.), *I throw*

iam (adv.), *now, already* ; non iam, *no longer*

ibi (adv.), *there*

Idem, eadem, Idem (pron. and adj.), *the same*

idoneus, -a, -um (adj.), *suitable*

igitur (adv.), *therefore*

ignavus, -a, -um (adj.), *lazy, cowardly*

ignis, ignis (m.), *fire*

ignoro, 1 (v. trans.), *I do not know, am ignorant of*

ig-nosco, -noscĕre, -novi, -notum (v. intrans.), *I forgive* (with dat. of person)

ignotus, -a, -um (adj.), *unknown*

ille, illa, illud (demonstr. pron. and adj.), *that* ; *the former*

illuc (adv.), *thither* ; huc illuc, *hither and thither*

immineo, 2 (v. intrans.), *I threaten, overhang* (with dat.)

immo (adv.), *on the contrary*

impedio, 4 (v. trans.), *I hinder* ; *I prevent*

im-pello, -pellĕre, -puli, -pulsum (v. trans.), *I drive*

im-pendo, -pendĕre, -pendi, -pensum (v. trans.), *I spend*

imperator, -toris (m.), *commander, governor* ; *emperor*

imperium, -i (n.), *command, rule* ; *empire*

impero, 1 (v. trans.), *I order* (with dat. of person) : (intrans.) *I rule, reign*

impetro, 1 (v. trans.), *I obtain* (by asking)

impetus, -ūs (m.), *charge, attack*

im-pono, -ponĕre, -posui, -positum (v. trans.), *I put, impose*

improbus, -a, -um (adj.), *wicked*

improvisus, -a, -um (adj.), *unforeseen*

in (prep. with acc.), *into* ; (with abl.) *in, on*

inanis, -e (adj.), *empty, unsubstantial*

incendium, -i (n.), *fire, conflagration*

in-cendo, -cendĕre, -cendi, -censum (v. trans.), *I set on fire, burn*

in-cipio, -cipĕre, -cepi, -ceptum (v. trans.), *I begin* (with inf.)

incola, -ae (m. or f.), *inhabitant*

incolumis, -e (adj.), *safe and sound*

incredibilis, -e (adj.), *unbelievable*

inde (adv.), *thence*

in-dico, -dicĕre, -dixi, -dictum (v. trans.), *I declare* (war)

indutiae, -arum (f. plu.), *truce*

in-eo, -ire, -ii, -itum (v. irreg.), *I go in, enter* ; gratiam ineo, *I gain favour*

infans, infantis (m. or f.), *little child*

inferior, -ius (comp. adj.), *lower* ; *inferior*

infra (prep. with acc.), *below* ; (adv.) *below*

ingenium, -i (n.), *ability, intellect*

ingens, gen. ingentis (adj.), *huge*

in-gredior, -gredi, -gressus sum
(v. dep.), *I go in, enter*
inhumanus, -a, -um (adj.), *bar-*
barous, savage
inimicus, -i (m.), *opponent, enemy*
iniquus, -a, -um (adj.), *unjust,*
unfair
iniuria, -ae (f.), *injustice, wrong*
inopia, -ae (f.), *lack, shortage*
inquam (v. defec.), *I say* ; inquit, *he says*
in-scribo, -scriběre, -scripsi,
-scriptum (v. trans.), *I inscribe*
insignis, -e (adj.), *distinguished*
in-stituo, -stituěre, -stitui, -stitu-
tum (v. trans.), *I establish* ; *I*
determine (with inf.)
in-struo, -struěre, -struxi, -struc-
tum (v. trans.), *I arrange* ; *I*
instruct
insula, -ae (f.), *island*
in-sum, -esse, -fui (v. irreg.), *I*
am in (with dat.)
integer, integra, integrum (adj.),
whole, unharmed
intel-lego, -legěre, -lexi, -lectum
(v. trans.), *I understand*
inter (prep. with acc.), *among,*
between
interdum (adv.), *from time to time*
interea (adv.), *meanwhile*
inter-ficio, -ficěre, -feci, -fectum
(v. trans.), *I kill*
interim (adv.), *meanwhile*
interior, -ius (comp. adj.), *inner*
inter-sum, -esse, -fui (v. irreg.),
I take part in (with dat.)
intervallum, -i (n.), *interval*
intra (prep. with acc.), *inside*
invalidus, -a, -um (adj.), *weak*
in-venio, -venire, -věni, -ventum
(v. trans.), *I find, discover*

in-video, -viděre, -vīdi, -visum
(v. intrans.), *I envy, am jealous of*
(with dat.)
invitus, -a, -um (adj.)., *unwilling*
iocor, 1 (v. dep.), *I jest*
iocose (adv.), *in jest*
ipse, ipsa, ipsum (emphatic
pron.), *self*
ira, -ae (f.), *anger*
irascor, irasci, iratus sum (v.
dep.), *I grow angry* (with dat.) ;
iratus (part. used as adj.),
angry
ir-rumpo, -rumpěre, -rupi, -rup-
tum (v. intrans.), *I burst in,*
rush in
is, ea, id (demonstr. pron. and
adj.), *he, she, it, they* ; *that, those*
iste, ista. istud (demonstr. pron.
and adj)., *that* (of yours) ; *that*
ita (adv.), *thus*
itaque (conj.), *and so, therefore*
iter, itineris (n.), *journey, march*
iterum (adv.), *again, a second*
time
iubeo, iuběre, iussi, iussum (v.
trans.), *I order* (with acc. of
person, inf. of action)
iudex, iudicis (m.), *judge*
iudicium, -i (n.), *trial; law-court*
iure (adv.), *rightly*
iuro, 1 (v. trans.), *I swear*
ius, iuris (n.), *right, privilege*
iussum, -i (n.), *order*
iustus, -a, -um (adj.), *just;*
iustum proelium, *a pitched*
battle
iuvenis, iuvenis (m.), *young man*
iuvo, iuvare, iuvi, iutum (v.
trans.), *I please; I help;* iuvat
(impers.), *it delights* (with acc.
and inf.)

Labor, laboris (m.), *work*
laboro, 1 (v. intrans.), *I work ;
I am in difficulty*
lacrima, -ae (f.), *tear*
lacus, -ūs (m.), *lake*
laetitia, -ae (f.), *joy*
laetus, -a, -um (adj.), *glad, joyful*
lapis, lapidis (m.), *stone*
latitudo, -tudinis (f.), *width*
latro, latronis (m.), *robber*
lătus, lateris (n.), *side, flank* ; a
  latere, *at the side, on the flank*
lātus, -a, -um (adj.), *broad, wide*
laudo, 1 (v. trans.), *I praise*
laus, laudis (f.), *praise*
lectica, -ae (f.), *litter*
lector, -toris (m.), *reader*
lectus, -i (m.), *bed, couch*
legatus, -i (m.), *ambassador, envoy*
legio, legionis (f.), *legion (regiment)*
lego, legĕre, lēgi, lectum (v.
  trans.), *I read*
leo, leonis (m.), *lion*
lepus, leporis (m.), *hare*
lĕvis, -e (adj.), *light, trifling*
lex, legis (f.), *law*
libenter (adv.), *gladly, willingly*
lĭber, libri (m.), *book*
lĭber, libera, liberum (adj.), *free*
liberalis, -e (adj.), *kindly, generous*
lĭberi, -orum (m. plu.), *children*
libertas, -tatis (f.), *freedom*
libertus, -i (m.), *freedman*
licet, 2 (v. impers.), *it is allowed*
  (with inf.)
lictor, -toris (m.), *lictor (attend-
ant on a Roman magistrate)*
ligneus, -a, -um (adj.), *wooden*
lingua, -ae (f.), *tongue ; language*
littera, -ae (f.), *a letter (of the
alphabet)* ; (plu.), *a letter
(epistle), letters (literature)*

litus, litoris (n.), *shore*
locus, -i (m.), *place*
longissime (adv.), *very far*
longus, -a, um (adj.), *long*
loquax, gen. loquacis (adj.),
  talkative
loquor, loqui, locutus sum (v.
  dep.), *I speak*
lucerna, -ae (f.), *lamp*
ludo, ludĕre, lusi, lusum (v
  trans. and intrans.), *I play*
ludus, -i (m.), *school ; game*
lupa, -ae (f.), *she-wolf*
luridus, -a, -um (adj.), *pale*
lux, lucis (f.), *light, daylight* ;
  prima luce, *at dawn*

Magister, magistri (m.), *master ;
schoolmaster, tutor*
magistratus, -ūs (m.), *magistrate*
magnitudo, -tudinis (f.), *size ;
great size*
magnopere (adv.), *greatly*
magnus, -a, -um (adj.), *large,
great*
malo, malle, malui (v. irreg.), *I
prefer* (often with inf.)
malus, -a, -um (adj.), *bad* ;
  malum, -i (n.), *evil*
maneo, manēre, mansi, mansum
  (v. trans. and intrans.), *I
remain, stay, await*
manus, -ūs (f.), *hand ; band (of
men)*
mare, maris (n.), *sea*
maritimus, -a, -um (adj.), *of the
sea*
maritus, -i (m.), *husband*
mater, matris (f.), *mother*
materies, -ei (f.), *material ; subject
for composition*
medicus, -i (m.), *doctor*

medius, -a, -um (adj.), *middle*;
media insula (adj. before noun), *the middle of the island*
mehercle! (interj.), *by Hercules!*
memini, meminisse (v. defec.), *I remember*
memoria, -ae (f.), *memory*
mens, mentis (f.), *mind*
mensis, mensis (m.), *month*
mercator, -toris (m.), *trader*
mereo, 2 (v. trans.), *I earn, deserve*; *I serve*; stipendium mereo, *I do a year's service*
metus, -ūs (m.), *fear*
meus, -a, -um (adj.), *my, mine*
migro, 1 (v. intrans.), *I depart*
miles, militis (m.), *soldier*
militaris, -e (adj.), *military*; res militaris, *warfare*
minor, minari, minatus sum (v. dep.), *I threaten* (with dat. of person and acc. of penalty)
miror, 1 (v. dep.), *I wonder, am surprised at*
mirus, -a, -um (adj.), *strange, wonderful*
miser, misera, miserum (adj.), *unfortunate, wretched*
mitto, mittĕre, mīsi, missum (v. trans.), *I send*
modeste (adv.), *modestly*
modo (adv.), *only*; modo . . . modo, *now . . . now, at one time . . . at another*
modus, -i (m.), *way, means*; *limit*
moles, molis (f.), *huge mass, huge building*
moneo, 2 (v. trans.), *I advise*
mons, montis (m.), *mountain*
monstro, 1 (v. trans.). *I show*
monstrum, -i (n.), *portent*
mora, -ae (f.), *delay*

morbus, -i (m.), *disease*
morior, mori, mortuus sum (v. dep.), *I die*
mors, mortis (f.), *death*
mortuus, -a, -um (part. used as adj.), *dead*
mos, moris (m.), *custom, habit*; (plu.), *habits, character*
motus, -ūs (m.), *movement*
moveo, movēre, mōvi, mōtum (v. trans.), *I move*; *I impress*
mox (adv.), *soon*
multitudo, -tudinis (f.), *crowd*
multus, -a, -um (adj.), *much*; (plu.), *many*
municipium, -i (n.), *borough*
munio, 4 (v. trans.), *I fortify*; munitus (part. used as adj.), *fortified*
murus, -i (m.), *wall*
muto, 1 (v. trans.), *I change*

Nam (conj.), *for*
narro, 1 (v. trans.), *I tell, relate*
nascor, nasci, natus sum (v. dep.), *I am born*
nato, 1 (v. intrans.), *I swim*
natura, -ae (f.), *nature*
nausea, -ae (f.), *sea-sickness*
nauta, -ae (m.), *sailor*
navigo, 1 (v. intrans.), *I sail*
navis, navis (f.), *ship*
ne (conj.), *lest, that . . . not*
-ne? (enclitic denoting a question)
ne . . . quidem (adv.), *not even*
nec, neque (conj.), *nor*; nec . . . nec (neque . . . neque), *neither . . . nor*
necessarius, -a, -um (adj.), *necessary*
necesse (indecl. adj.), *necessary*
neco, 1 (v. trans.), *I kill*

neg-lego, -legĕre, -lexi, -lectum (v. trans.), *I neglect, overlook*
nego, 1 (v. trans. and intrans.), *I deny, say not*; *I refuse*
negotium, -i (n.), *business, affair*
nemo (pron.), *nobody*
nepos, nepotis (m.), *grandson*
neuter, neutra, neutrum (adj.), *neither*
niger, nigra, nigrum (adj.), *black*
nihil (nil), (n. indecl.), *nothing*
nimis (adv.), *too much*; nimis cibi, *too much food*
nisi (conj.), *unless, if not*
niveus, -a, -um (adj.), *snowy, snow-white*
nix, nivis (f.), *snow*
nobilis, -e (adj.), *well-known, noble*
noctu (adv.), *by night*
nolo, nolle, nolui (v. irreg.), *I am unwilling* (with inf.)
nomen, nominis (n.), *name*
nomino, 1 (v. trans.), *I name; I appoint*
non (adv.), *not*
nondum (adv.), *not yet*
nonne? (interrog. adv.), *not* (in question expecting answer ' yes ')
nonnulli, -ae, -a (adj. plu.), *several, a good many*
nosco, noscĕre, novi, notum (v. trans.), *I get to know*; novi (perf.), *I know (a person)*
noster, nostra, nostrum (adj.), *our, ours*
nŏta, -ae (f.), *mark of disgrace*
nōtus, -a, -um (adj.), *famous, well-known*
novus, -a, -um (adj.), *new*
nox, noctis (f.), *night*
nubes, nubis (f.), *cloud*

nubo, nubĕre, nupsi, nuptum (v. intrans.), *I marry (a husband)*, (with dat.)
nullus, -a, -um (adj.), *no*
num? (interrog. adv.), *surely not*
numerus, -i (m.), *number*
numquam (adv.), *never*
nunc (adv.), *now*
nuntius, -i (m.), *messenger*; *message*
nuper (adv.), *lately*
nutrio, 4 (v. trans.), *I rear*

Ob-liviscor, -livisci, -litus sum (v. dep.), *I forget*
obses, obsidis (m. or f.), *hostage*
ob-sideo, -sidēre, -sēdi, -sessum (v. trans.), *I besiege*
ob-struo, -struĕre, -struxi, -structum (v. trans.), *I block up*
occasio, -onis (f.), *opportunity*
oc-cīdo, -cīdĕre, -cīdi, -cīsum (v. trans.), *I kill*
oc-curro, -currĕre, -curri, -cursum (v. intrans.), *I meet* (with dat.)
oculus, -i (m.), *eye*
odi, odisse (v. defec. trans.), *I hate*
odium, -i (n.), *hatred*
officium, -i (n.), *duty*
olim (adv.), *once, formerly*
omnis, -e (adj.), *all*
onus, oneris (n.), *load, burden*
opera, -ae (f.), *work*
opes, opum (f. plu.), *wealth, resources*
opinio, -onis (f.), *opinion, belief*
oppidum, -i (n.), *town*
op-primo, -primĕre, -pressi, -pressum (v. trans.), *I oppress*; *I pounce upon, suppress*; navem opprimo, *I sink a ship*

oppugno, 1 (v. trans.), *I attack*
optimus, -a, -um (sup. adj.), *best*
opus, operis (n.), *task, work*
ora, -ae (f.), *coast*
oraculum, -i (n.), *oracle*
oratio, -onis (f.), *speech*
orator, oratoris (m.), *orator*
ordo, ordinis (m.), *line, rank* ;
order
oriens, orientis (m.), *east*
orior, oriri, ortus sum (v. dep.),
I rise, arise
orno, 1 (v. trans.), *I adorn* ; *I
equip*
oro, 1 (v. trans.), *I ask, pray to*
ortus, -ūs (m.), *rising*
ostendo, ostendĕre, ostendi, ostentum (v. trans.), *I show*
otium, -i (n.), *leisure* ; *peace* (*from
civil war*)

Pabulum, -i (n.), *fodder*
paco, 1 (v. trans.), *I subdue, pacify*
paene (adv.), *almost*
paratus, -a, -um (adj.), *ready*
(with inf.)
parco, parcĕre, peperci, parsum
(v. intrans.), *I spare* (with dat.)
părens, parentis (m. or f.), *parent*
păreo, 2 (v. intrans.), *I obey*
(with dat.)
păro, 1 (v. trans.), *I prepare* ; *I
obtain*
pars, partis (f.), *part*
parum (adv.), *too little, not enough* ;
parum cibi, *not enough food*
parvus, -a, -um (adj.), *small, little*
passus, -ūs (m.), *pace* (= 2 steps=
5 feet) ; mille passus, *a mile*
pater, patris (m.), *father*
patior, pati, passus sum (v. dep.),
I suffer ; *I allow*

patria, -ae (f.), *native land, fatherland*
patricius, -a, -um (adj.), *patrician*;
patricii, -orum (m. plu.),
patricians
patronus, -i (m.), *patron*
pauci, -ae, -a (adj. plu.), *few, a
few*
pauper, gen. pauperis (irreg.
adj.), *poor*
pavimentum, -i (n.), *floor*
pax, pacis (f.), *peace* ; de pace
ago, *I discuss terms of peace*
pecunia, -ae (f.), *money*
penes (prep. with acc.), *in the
hands of, in the power of*
per (prep. with acc.), *through,
across, throughout*
per-do, -dĕre, -didi, -ditum (v.
trans.), *I waste*
per-eo, -ire, -ii, -itum (v. irreg.),
I die
per-fero, -ferre, -tuli, -latum
(v. irreg.), *I bring, carry*
periculum, -i (n.), *danger*
peritus, -a, -um (adj.), *skilled*
(with gen.).
per-moveo, -movēre, -mōvi, -mo-
tum (v. trans.), *I move, affect*
perpetuus, -a, -um (adj.), *unbroken, continuous*
perterreo, 2 (v. trans.), *I frighten*
pertinax, gen. pertinacis (adj.),
obstinate
per-tineo, -tinĕre, -tinui, -tentum
(v. intrans.), *I concern* (with
ad)
per-venio, -venire, -vēni, -ven-
tum (v. intrans.), *I arrive*
pes, pedis (m.), *foot*
peto, petĕre, petivi, petitum (v.
trans.), *I seek, ask for*

philosophus, -i (m.), *philosopher*

piger, pigra, pigrum (adj.), *sluggish* ; (*of the sea*) *thick*

pirata, -ae (m.), *pirate*

piscis, piscis (m.), *fish*

placeo, 2 (v. intrans.), *I please* (with dat.)

plagosus, -a, -um (adj.), *fond of flogging*

plane (adv.), *quite, utterly*

plaustrum, -i (n.), *waggon*

plebeius, -a, -um (adj.), *plebeian* ; plebeii, -orum (m. plu.), *plebeians*

plebs, plebis (f.), *the plebs* ; *the common people*

plenus, -a, -um (adj.), *full* (with abl.)

plerique, pleraeque, pleraque (adj. plu.), *most, the majority of*

poena, -ae (f.), *penalty*

poëta, -ae (m.), *poet*

polliceor, 2 (v. dep.), *I promise*

pono, ponĕre, posui, positum (v. trans.), *I put, place* ; castra pono, *I pitch camp.*

populus, -i (m.), *nation, people* (*in the sense of nation*)

porta, -ae (f.), *gate*

porto, 1 (v. trans.), *I carry, wear*

possum, posse, potui (v. irreg.), *I can, am able* (with inf.)

post (prep. with acc.), *after* (*of time or place*) ; (also adv.) *afterwards, later*

postea (adv.), *afterwards*

posterus, -a, -um (adj.), *next*

posthac (adv.), *henceforth*

postquam (conj.), *after, when*

postulo, 1 (v. trans.), *I demand*

potentia, -ae (f.), *power*

potestas, -tatis (f.), *power*

potior, 4 (v. dep.), *I gain possession of* (with abl.)

praebeo, 2 (v. trans.), *I provide, offer, display*

praeceps, gen. -cipitis (adj.), *headlong*

praeclarus, -a, -um (adj.), *distinguished*

praeda, -ae (f.), *plunder*

praeditus, -a, -um (adj.), *endowed*

prae-ficio, -ficĕre, -feci, -fectum (v. trans.), *I put in command of* (with acc. of person, dat. of what he commands)

praemium, -i (n.), *reward*

praesertim (adv.), *especially*

prae-sto, -stare, -stiti, -stitum (v. trans.), *I show* ; *I fulfil*

prae-sum, -esse, -fui (v. irreg.), *I am in command of* (with dat.)

praeter (prep. with acc.), *except*

praeterea (adv.), *besides*

praetextatus, -a -um (adj.), *clad in the toga praetexta*

praetor, -toris (m.), *praetor*

preces, -um (f. plu.), *prayers*

pretium, -i (n.), *price*

primo (adv.), *at first*

primus, -a, -um (adj.), *first* ; primum (adv.), *first*

princeps, principis (m.), *chief man* ; (*at Rome*) *emperor*

priscus, -a, -um (adj.), *former* ; *old-fashioned*

prius (adv.), *sooner, before*

priusquam (conj.), *before*

privatus, -a, -um (adj.), *private, individual* : adv. privatim

pro (prep. with abl.), *on behalf of, for*

pro-cedo, -cedĕre, -cessi, -cessum, (v. intrans.), *I go forth, advance*

proconsul, -sulis (m.), *proconsul, governor*

procul (adv.), *far off*

pro-duco, -ducĕre, -duxi, -ductum (v. trans.), *I prolong*

proelium, -i (n.), *battle*

pro-ficio, -ficĕre, -feci, -fectum (v. intrans.), *I do good*

pro-ficiscor, -ficisci, -fectus sum (v. dep.), *I start out, set out*

prohibeo, 2 (v. trans.), *I prevent* (with inf.)

promissum, -i (n.), *promise*

pro-mitto, -mittĕre, -misi, -missum (v. trans.), *I promise*

promontorium, -i (n.), *headland*

prope (prep. with acc.), *near* ; (also adv.) *near by*

propero, 1 (v. intrans.), *I hasten, hurry*

propinquus, -a, -um (adj.), *near, neighbouring* ; propinqui, -orum (m. plu.), *kinsmen, relations*

propraetor, -toris (m.), *propraetor, governor*

propter (prep. with acc.,) *because of*

prosum, prodesse, profui (v. irreg.), *I benefit, help* (with dat.)

provincia, -ae (f.), *province*

proximus, -a, -um (sup. adj.) *nearest* ; (*of time*) *previous, last*

prudens, gen. prudentis (adj.), *prudent, wise*

prudentia, -ae (f.), *discretion, prudence*

publicus, -a, -um (adj.), *public, belonging to the state*

puer, pueri (m.), *boy*

pugna, -ae (f.), *battle*

pugno, 1 (v. intrans.), *I fight*

pulcher, pulchra, pulchrum (adj.), *beautiful*

pulchritudo, -tudinis (f.), *beauty*

punio, 4 (v. trans.), *I punish*

puteus, -i (m.), *well*

puto, 1 (v. trans.), *I think*

pyramis, pyramidis (f.), *pyramid*

Quaero, quaerĕre, quaesivi, quaesitum (v. trans.), *I seek* ; *I gain*

qualis, -e (adj.), *of what sort* ; talis . . . qualis, *such . . . as*

quam (adv.), *how* (*in question or exclamation*) ; *than* (*in comparison*) ; quam celerrime, *as quickly as possible*

quamquam (conj.), *although*

quando? (interrog. adv.), *when?* si quando, *if ever*

quantus, -a, -um (adj.), *how great* ; tantus . . . quantus, *as great as*

quasi (adv.), *as if, like*

-que (conj.), *and*

queror, queri, questus sum (v. dep.), *I complain*

qui, quae, quod (rel. pron.), *who, which*

quidam, quaedam, quoddam (indef. pron. and adj.), *someone, a certain*

quidem (adv.), *indeed* ; (*in answers*) *yes*

quies, quietis (f.), *peace, rest*

quietus, -a, -um (adj.), *quiet, calm*

quin etiam (adv.), *what is more*

quintilis (mensis), *July*

quis? quid? (interrog. pron.), *who? what?*

quis, qua, quid (indef. pron.), *any*

quisque, quaeque, quidque (indef. pron.), *each, every one* ; fortissimus quisque, *all the bravest men*

quisquis, quidquid (rel. pron.), *whoever, whatever*

quo ? (interrog. adv.), *whither ?*

quod (conj.), *because* ; *also neuter of rel. pron.* qui

quomodo ? (interrog. adv.), *how ?*

quondam (adv.), *once*

quoniam (conj.), *because, since*

quoque (adv.), *also*

quot (indecl. adj.), *how many* ; tot . . . quot, *as many . . . as*

quotannis (adv.), *every year*

quotiens (adv. and conj.), *how often* ; *as often as, whenever*

Raeda, -ae (f.), *carriage*

rapio, rapĕre, rapui, raptum (v. trans.), *I snatch, seize*

rapto, 1 (v. trans.), *I seize*

rarus, -a, -um (adj.), *scattered, thin*

ratio, -onis (f.), *method* ; *reason*

re-cipio, -cipĕre, -cepi, -ceptum (v. trans.), *I take back, get back ;* me recipio, *I withdraw, retreat*

recito, 1 (v. trans.), *I read aloud*

red-do, -dĕre, -didi, -ditum (v. trans.), *I give back* ; *I deliver, pay*

red-eo, -ire, -ii, -itum (v. irreg.), *I go back, return*

red-igo, -igĕre, -egi, -actum (v. trans.), *I reduce*

re-duco, -ducĕre, -duxi, -ductum (v. trans.), *I lead back*

re-fero, -ferre, -tuli, -latum (v. irreg.), *I bring back, carry back*

regina, -ae (f.), *queen*

regio, regionis (f.), *district*

regno, 1 (v. intrans.), *I rule, reign*

regnum, -i (n.), *kingdom, royal power*

rego, regĕre, rexi, rectum (v. trans.), *I rule*

re-gredior, -gredi, -gressus sum (v. dep.), *I return, go back*

re-linquo, -linquĕre, -liqui, -lictum (v. trans.), *I leave*

reliquus, -a, -um (adj.), *remaining, rest of* ; (plu.) *the rest*

re-mitto, -mittĕre, -misi, -missum (v. trans.), *I send back*

re-moveo, -movēre, -mōvi, -motum (v. trans.), *I remove*

repello, repellĕre, reppuli, repulsum (v. trans.), *I drive back, repulse*

reporto, 1 (v. trans.), *I bring back* ; victoriam reporto, *I win a victory*

res, rei (f.), *thing, affair* ; res publica, *the commonwealth, state*

re-sisto, -sistere, -stiti (v. intrans.), *I resist* (with dat.)

re-spondeo, -spondēre, -spondi, -sponsum (v. trans.), *I answer* (with dat. of person)

re-stituo, -stituĕre, -stitui, -stitutum (v. trans.), *I restore*

rete, retis (n.), *net*

re-tineo, -tinēre, -tinui, -tentum (v. trans.), *I retain*

re-venio, -venire, -vēni, -ventum (v. intrans.), *I come back, return*

revoco, 1 (v. trans.), *I recall*

rex, regis (m.), *king*

rideo, ridēre, risi, risum (v. trans. and intrans.), *I laugh at, laugh*

ripa, -ae (f.), *bank*

rixa, -ae (f.), *quarrel*

rogo, 1 (v. trans.), *I ask, ask for* (with acc. of person and acc. of thing asked for)

rugosus, -a, -um (adj.), *wrinkled*

rumor, rumoris (m.), *rumour*

rursus (adv.), *again*

rus, ruris (n.), *country (as opposed to town)* ; ruri (locative), *in the country*

rusticus, -a, -um (adj.), *of the country, rural*

Sacer, sacra, sacrum (adj.), *sacred, holy*

sacerdos, -dotis (m. or f.), *priest, priestess*

sacrificium, -i (n.), *sacrifice*

saepe (adv.), *often*

saevus, -a, -um (adj.), *savage, fierce*

salto, 1 (v. intrans.), *I jump*

salus, salutis (f.), *safety, welfare* ; salutem do, *I greet, give my regards to*

saluto, 1 (v. trans.), *I greet*

sanguis, sanguinis (m.), *blood*

sapiens, gen. sapientis (adj.), *wise*

sapientia, -ae (f.), *wisdom, philosophy*

satis (adv.), *enough, sufficiently*

saxum, -i (n.), *rock*

scelus, sceleris (n.), *crime*

scilicet (adv.), *obviously, of course*

scio, 4 (v. trans.), *I know (a fact)*

scriba, -ae (m.), *secretary*

scribo, scribĕre, scripsi, scriptum (v. trans.), *I write*

scutum, -i (n.), *shield*

secretus, -a, -um (adj.), *secret*

sed (conj.), *but*

sedeo, sedēre, sēdi, sessum (v. intrans.), *I am sitting*

seditio, -onis (f.), *mutiny*

semper (adv.), *always*

senator, senatoris (m.), *senator*

senatus, -ūs (m.), *senate*

senex, senis (m.), *old man*

sententia, -ae (f.), *opinion*

sentio, sentire, sensi, sensum (v. trans.), *I feel*

sequor, sequi, secutus sum (v. dep. and trans), *I follow, pursue*

sermo, sermonis (m.), *talk, conversation*

serpens, serpentis (f.), *serpent*

serus, -a, -um (adj.), *late* ; sero (adv.), *too late*

servo, 1 (v. trans.), *I save, reserve*

servus, -i (m.), *slave*

severitas, -tatis (f.), *strictness*

severus, -a, -um (adj.), *strict, stern* ; severe (adv.), *strictly*

sextus, -a, -um (adj.), *sixth*

si (conj.), *if*

sicut (adv.), *just as*

sidus, sideris (n.), *star, constellation*

signum, -i (n.), *signal* ; (in army) *standard*

silentium, -i (n.), *silence*

sileo, 2 (v. trans. and intrans.), *I keep silent (about)*

silva, -ae (f.), *wood, forest*

similis, -e (adj.), *like* (with gen. or dat.)

simul (adv.), *at the same time*

simulac (conj.), *as soon as*

simulo, 1 (v. trans.), *I pretend, feign*

sine (prep. with abl.), *without*

singuli, -ae, -a (adj. plu.), *one each, one at a time*

sinister, -tra, -trum (adj.), *left*

sino, sinĕre, sivi, situm (v. trans.), *I allow* (with inf.)

societas, -tatis (f.), *alliance* ; *kinship*

socius, -i (m.), *ally*

sol, solis (m.), *sun*

soleo, solēre, solitus sum (v. semidep.), *I am accustomed* (with inf.) ; solitus (part. used as adj.), *accustomed, usual*

sollicito, 1 (v. trans.), *I disturb*

solus, -a, -um (adj.), *alone* ; solum (adv.), *only*

solvo, solvĕre, solvi, solutum (v. trans.), *I loosen* ; *I pay* ; navem solvo, *I weigh anchor, set sail*

somnus, -i (m.), *sleep*

sonitus, -ūs (m.), *sound*

soror, sororis (f.), *sister*

sors, sortis (f.), *lot, chance* ; sorte duco, *I choose by lot*

spectaculum, -i (n.), *sight, show*

specto, 1 (v. trans. and intrans.), *I look on, gaze at*

spelunca, -ae (f.), *cave*

spero, 1 (v. trans.), *I hope, hope for* ; *I expect*

spes, spei (f.), *hope*

spiritus, -ūs (m.), *breathing, breath*

splendidus, -a, -um (adj.), *splendid*

statim (adv.), *at once, immediately*

statua, -ae (f.), *statue*

statuo, statuĕre, statui, statutum (v. trans.), *I decide* (with inf.)

stilus, -i (m.), *pen*

stipendium, -i (n.), *soldier's pay*; *a year's service*

sto, stare, steti, statum (v. intrans.), *I stand*

stratus, -a, -um (adj.), *laid* ; via strata, *a paved road, street*

strenuus, -a, -um (adj.), *energetic*

stringo, stringĕre, strinxi, strictum (v. trans.), *I draw (a sword)*

studeo, 2 (v. intrans.), *I study* ; *I am keen on* (with dat.)

studium, -i (n.), *study* ; *keenness, enthusiasm*

suadeo, suadēre, suasi, suasum (v. trans.), *I urge, persuade* (with dat. of person)

sub (prep. with acc.), *up to, towards* ; (with abl.), *under*

subitus, -a, -um (adj.), *sudden* ; subito (adv.), *suddenly*

suc-cedo, -cedĕre, -cessi, -cessum (v. intrans.), *I take the place of, succeed to* (with dat.)

suc-curro, -currĕre, -curri, -cursum (v. intrans.), *I come to the help of* (with dat.)

summa, -ae (f.), *total*

summus, -a, -um (adj.), *highest, chief; utmost*; summus mons, *the top of the mountain*

sumo, sumĕre, sumpsi, sumptum (v. trans.), *I take up*

sunt, *are* (3rd plu. present of sum)

super (prep. with acc.), *above*

superbia, -ae (f.), *pride* ; *haughtiness*

superbus, -a, -um (adj.), *proud* ; *haughty*

superior, -ius (comp. adj.), *upper* ; *(of time) previous*

supero, 1 (v. trans.), *I defeat*

super-sum, -esse, -fui (v. irreg.), *I survive, outlive* (with dat.)

supplicium, -i (n.), *punishment*
surgo, surgĕre, surrexi, surrectum (v. intrans.), *I rise*
sus-cipio, -cipĕre, -cepi, -ceptum, (v. trans.), *I undertake*
sus-tineo, -tinēre, -tinui, -tentum (v. trans.), *I uphold, support*
suus, -a, -um (adj.), *his, her, its, their*

Tabellarius, -i (m.), *letter-carrier, courier*
taceo, 2 (v. trans. and intrans.), *I keep silent (about)*
talentum, -i (n.), *talent (a sum of money worth about £750)*
talis, -e (adj.), *of that sort, such* ; talis . . . qualis, *such . . . as*
tam (adv.), *so (with adj. or adv.)*
tamen (adv.), *however*
tandem (adv.), *at last*
tantum (adv.), *only*
tantus, -a, -um (adj.), *so great, so large*
tectum, -i (n.), *roof*
tego, tegĕre, texi, tectum (v. trans.), *I cover*
tempestas, -tatis (f.), *weather; storm*
templum, -i (n.), *temple*
tempus, temporis (n.), *time*
teneo, tenēre, tenui (v. trans.), *I hold*
tergum, -i (n.), *back*
terra, -ae (f.), *land, ground*
terror, terroris (m.), *terror*
tertius, -a, -um (adj.), *third*
testis, testis (m. or f.), *witness*
theatrum, -i (n.), *theatre*
timeo, 2 (v. trans.), *I fear*
timor, timoris, (m.), *fear*

toga, -ae (f.), *toga (the outer garment of a Roman citizen)*
tollo, tollĕre, sustuli, sublatum (v. trans.), *I raise* ; *I remove, destroy*
tormentum, -i (n.), *torture, instrument of torture*
tot (indecl. adj.), *so many* ; tot . . . quot, *as many . . . as*
totus, -a, -um (adj.), *whole, the whole of*
tra-do, -dĕre, -didi, -ditum (v. trans.), *I hand over, surrender* ; *I hand down*
traho, trahĕre, traxi, tractum (v. trans.), *I draw, drag*
traiectus, -ūs (m.), *crossing*
trans (prep. with acc.), *across*
tran-scendo, -scendĕre, -scendi, -scensum (v. intrans.), *I board (in navem)*
trans-eo, -ire, -ii, -itum (v. irreg.), *I go across (trans.)*
trans-fero, -ferre, -tuli, -latum (v. irreg.), *I transfer*
trepido, 1 (v. intrans.), *I rush about in panic, tremble*
tribunus, -i (m.), *tribune*
tributum, -i (n.), *tribute*
triumphus, -i (m.), *triumphal procession*
truncus, -i (m.), *tree-trunk*
tum (adv.), *then*
tumultus, -ūs (m.), *disturbance*
tunica, -ae (f.), *tunic*
turba, -ae (f.), *crowd, throng*
turpis, -e (adj.), *base, cowardly*
tutus, -a, -um (adj.), *safe*
tuus, -a, -um (adj.), *thy, thine*
tyrannus, -i (m.), *king, tyrant*

Ubi (conj. and interrog. adv.), *(of time) when* ; *(of place) where* ubique (adv.), *everywhere*

ullus, -a, -um (adj.), *any*

ultimus, -a, -um (adj.), *last*

ultra (prep. with acc.), *beyond*

umquam (adv.), *ever*

unā (adv.), *together*

unda, -ae (f.), *wave*

unde (adv.), *whence*

undique (adv.), *from all round*

universi, -orum (adj. plu.), *all together*

urbanus, -a, -um (adj.), *of the city* ; *city-like, refined*

urbs, urbis (f.), *city*

usque (adv.), *all the way, right through*

usus, -ūs (m.), *use*

ut (conj. with indic.), *as* ; (with subj.), *in order that, so that*

uterque, utraque, utrumque (pron.), *each of two, both*

utor, uti, usus sum (v. dep.), *I use* (with abl.)

uxor, uxoris (f.), *wife* : uxorem duco, *I marry a wife*

Vacuus, -a, -um (adj.), *empty* ; (with abl.), *free from*

valeo, 2 (v. intrans.), *I am well* ; *I am strong* : vale, valete (imperative), *farewell*

validus, -a, -um (adj.), *strong*

vallum, -i (n.), *rampart*

vanus, -a, -um (adj.), *empty, useless*

varius, -a, -um (adj.), *different*

vasto, 1 (v. trans.), *I lay waste*

veho, vehĕre, vexi, vectum (v. trans.), *I convey* ; vehor, *I ride, sail*

vel (conj.), *or* ; vel . . . vel, *either . . . or*

velum, -i (n.), *curtain, sail*

venatio, -onis (f.), *hunting-party*

vendo, vendĕre, vendidi, venditum (v. trans.), *I sell*

venenum, -i (n.), *poison*

venia, -ae (f.), *pardon*

venio, venire, vēni, ventum (v. intrans.), *I come*

ventus, -i (m.), *wind*

verber, verberis (n.), *flogging*

verbum, -i (n.), *word*

vere (adv.), *truly*

vereor, 2 (v. dep.), *I fear*

versus, -ūs (m.), *line of poetry*

verto, vertĕre, verti, versum (v. trans.), *I turn*

verus, -a, -um (adj.), *true*

vester, vestra, vestrum (adj.), *your, yours*

veto, vetare, vetui, vetitum (v. trans.), *I forbid* (usually with acc. of person and inf. of action)

vetus, gen. veteris (irreg. adj.), *old*

vexo, 1 (v. trans.), *I harass*

via, -ae (f.), *way, road, path*

vicinus, -a, -um (adj.), *neighbouring*

victor, -toris (m.), *conqueror*

victoria, -ae (f.), *victory*

victrix, gen. victricis (adj. f.), *victorious*

video, vidēre, vīdi, vīsum (v. trans.), *I see* ; videor (pass. used as dep.), *I seem*

vigilantia, -ae (f.), *watchfulness*

vigilo, 1 (v. intrans.), *I am watchful, awake*

villa, -ae (f.), *country house, farm-house*

vinco, vincĕre, vici, victum (v. trans.), *I defeat*

vinculum, -i (n.), *chain, bond*

vinum, -i (n.), *wine*

vir, viri (m.), *man, husband*

virgo, virginis (f.), *maiden*

virilis, -e (adj.), *of a man*

virtus, -tutis (f.), *courage* ; *virtue*

vis, acc. vim, abl. vi (f.), *force, violence* : vires (plu.), *strength* : vi et armis, *by armed force*

vita, -ae (f.), *life*

vitium, -i (n.), *fault*

vito, 1 (v. trans.), *I avoid*

vivo, vivĕre, vixi, victum (v. intrans.), *I live*

vivus, -a, -um (adj.), *living*

vix (adv.), *scarcely*

voco, 1 (v. trans. and intrans.), *I call, invite*

volo, velle, volui (v. irreg.), *I wish, am willing* (with inf.)

voluptas, -tatis (f.), *pleasure*

vox, vocis (f.), *voice*

vulnus, vulneris (n.), *wound*